L'ARCHIMANDRITE PAÏSI

ET

L'ATAMAN ACHINOFF

UNE EXPÉDITION RELIGIEUSE

EN ABYSSINIE

PAR

LE VICOMTE DE CONSTANTIN

Préface de **MADAME ADAM**

DEUXIÈME ÉDITION

PARIS

LIBRAIRIE DE LA *NOUVELLE REVUE*

18, BOULEVARD MONTMARTRE, 18

1891

L'ARCHIMANDRITE PAÏSI

ET

L'ATAMAN ACHINOFF

UNE EXPÉDITION RELIGIEUSE EN ABYSSINIE

L'ARCHIMANDRITE PAÏSI

ET

L'ATAMAN ACHINOFF

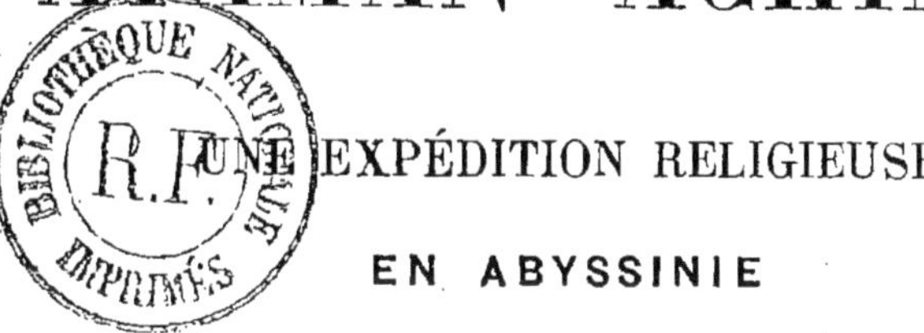

UNE EXPÉDITION RELIGIEUSE
EN ABYSSINIE

PAR

LE VICOMTE DE CONSTANTIN

Préface de MADAME ADAM

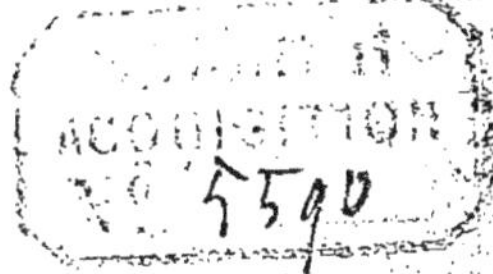

DEUXIÈME ÉDITION

PARIS

LIBRAIRIE DE LA *NOUVELLE REVUE*

18, BOULEVARD MONTMARTRE, 18

1891

PRÉFACE

Paris, le 26 février 1891.

Depuis quatre ans je m'intéresse aux projets d'Achinoff dans lesquels j'ai toujours vu un côté direct ou indirect utile à la France.

Je devais nécessairement être mêlée au plaidoyer que contient le livre de M. le vicomte de Constantin, c'est pourquoi je l'ai prié de vouloir bien me confier ce qu'on appelle une préface.

Au milieu de l'avalanche des calomnies déversées sur Achinoff, mes amis devaient naturellement, sinon les admettre, du moins s'en impressionner pour moi. Aussi n'y en a-t-il guère qui ne m'aient écrit ou ne m'aient abordée en me disant :

« Pourquoi avoir réveillé une question enterrée ?

« Pourquoi cette ardeur à la défense d'Achinoff? »

Je réponds simplement : J'ai fait cela pour mon pays... De grâce, qu'on me lise avant de se récrier.

J'idolâtre la France avec emportement, avec fanatisme, non seulement dans son sol que je veux intégral, mais dans sa race, dans son drapeau, dans sa conscience.

Or, des hommes qui l'ont gouvernée ont porté atteinte à cette conscience, ils lui ont imposé une culpabilité qu'elle répudiera lorsqu'elle aura pesé les termes de l'accusation, car la France est l'une des rares nations qui aient une conception assez haute de la justice pour oser, par un acte solennel de blâme, se délivrer d'un remords.

Après toutes les polémiques passionnées qu'ont soulevées les révélations de M. de Constantin, je résumerai les faits par la citation d'une phrase *du numéro du dimanche 22 février courant* du *Nord*, organe autorisé de la chancellerie russe, journal de M. de Giers, ennemi d'Achinoff, comme Achinoff est le sien.

« L'échauffourée de Sagallo, qui faillit jeter un sanglant grief entre deux peuples faits pour sympathiser, est de ces épisodes dont il est bon d'enterrer le souvenir. Achinoff y fit preuve d'un bel entêtement. *Ce n'était pas sans doute une raison pour le bombarder avec les prêtres qui l'accom-*

pagnaient et pour massacrer des femmes et des enfants. Mais cette barbare exécution, et la stupeur qu'elle provoqua dans le public russe, appartiennent aux choses d'antan ».

Les lecteurs du livre de M. de Constantin auront la preuve qu'Achinoff ne peut être accusé d'entêtement. J'ajoute qu'en France on n'a jamais enterré une question, quelle qu'elle soit, avec des morts. Nous avons d'incommensurables pitiés pour nos victimes.

Nous, russophiles, nous ne voulons pas que le peuple russe ait à nous absoudre d'un crime que la France n'a pas commis. Dans le passé des deux peuples, il n'y a déjà pour nous que trop d'absolutions. Tandis que Napoléon Ier rappelle aux Russes Moscou, Alexandre Ier rappelle aux Français sa volonté imposée à ses alliés que la France ne soit pas démembrée. Napoléon III fait la guerre de Crimée. Alexandre II intervient, nous révèle le général Le Flo, pour nous protéger d'une seconde guerre prussienne dans un moment où nous y étions à peine mieux préparés qu'à la première.

Vis-à-vis d'Alexandre III, le Pieux, écartons du peuple de France la responsabilité d'avoir bombardé une mission religieuse russe.

Notre force à cette heure vis-à-vis de la Russie est dans notre fierté; nous allons à elle son égale, nous lui apportons ce qu'elle nous apporte : son indulgence serait pour nous une infériorité. Répudions plutôt les hommes qui nous ont fait commettre, selon l'expression du *Nord*, cette *barbare exécution*.

Délivrons-nous du chagrin d'entendre répéter aux Russes les plus sympathiques à la France, avec ce doux accent que l'on connaît : « Nous autres Russes, nous n'aurions pas fait cela contre des Français, et peut-être bien que vous ne l'auriez pas fait contre des Allemands. »

Trois personnes portent encore la responsabilité des cruautés de Sagallo : MM. Floquet, Goblet et l'amiral Krantz. M. Mariani et l'amiral Olry, le promoteur et l'exécuteur sont morts.

En décembre 1889, le père Païsi m'envoya, pour M. le Président de la République, un mémoire que je remis d'abord à M. Spuller, afin de respecter la voie hiérarchique. Ce mémoire concluait à une indemnité légitime pour le dommage incontestable causé à la mission religieuse par le bombardement, c'est-à-dire la différence entre les soixante tonnes constatées dans le rapport de l'amiral Olry et les dix reçues par le croiseur russe *Zabiaka* qui recueillit la mission à Suez. Je m'occupai du mémoire, mais je suis ainsi faite, et je défie mon pire ennemi de le nier! que les réclamations d'ordre matériel ne me passionnent pas comme les revendications d'ordre sentimental ou moral.

Je me suis consacrée tout entière à ces revendications, et je porte « de haut », comme dit Achinoff dans une de ses lettres, le reproche formulé par le *Nord* : « Trop de zèle ».

Achinoff, dans son séjour actuel, vient demander à la France sa réhabilitation, et lui soumettre sa défense ; il vient savoir, au moment de retourner en Abyssinie, si le gouvernement français le considère comme un ennemi ou comme un ami et consent à lui accorder une autorisation semblable à celle qu'il a accordée au capitaine Machkoff. Il réclame l'autorisation de bâtir à Sagallo, aux frais d'une souscription russe — à laquelle se mêleront bien avec moi quelques Français, — non un monument expiatoire aux frais du gouvernement de la République, comme on l'a dit, mais un monument funéraire qui assure le repos de l'âme des morts et apaise l'âme des vivants, amis ou parents de ces morts.

L'autorisation que M. de Giers a demandée et obtenue du gouvernement français d'accorder le libre passage à l'expédition Machkoff prouve que la chancellerie russe a enfin reconnu, après sept ans, l'utilité des projets d'Achinoff, poursuivis par lui depuis 1885. C'est leur éclatante justification.

Confier cette mission à un autre qu'à Achinoff, qui en a eu l'initiative et en a préparé les voies, c'est faire acte d'hostilité personnelle et lui voler son idée. Mais le plus grave est que la mission Machkoff, en voulant entrer en Abyssinie par le pays des Somalis, débute par une première faute, ces populations sauvages étant dévouées à l'Angleterre. Au cas où il arriverait malheur à la mission Machkoff, qu'on ne vienne pas dire un jour que ce sont les intrigues d'Achinoff qui en sont cause.

JULIETTE ADAM.

L'ARCHIMANDRITE PAÏSI

ET

L'ATAMAN ACHINOFF

UNE EXPÉDITION RELIGIEUSE EN ABYSSINIE

I

OPPORTUNITÉ DE CE RÉCIT

Lors du bombardement de Sagallo, mensonges sur mensonges ont été entassés, et la vérité a été ensevelie sous le linceul qui couvrait les victimes.

A ce moment, les passions politiques étaient si vives que l'intervention dans une cause d'un personnage quelconque amenait le blâme de tous ses adversaires personnels.

Aujourd'hui, on peut juger froidement, apprécier le rôle de chacun et dégager les responsabilités encourues; le devoir des démocraties est de rejeter les hommes qui les ont compromises et ont commis des actes qu'elles jugent coupables, lorsqu'elles ont été éclairées.

Mêlé intimement au drame de Sagallo, j'ai gardé le silence pendant deux ans; je viens raconter ici ce que je sais.

Je livre au peuple français les pièces du procès : il sera juge.

II

LES MENSONGES

On a dit et répété que les *Cosaques libres* n'existaient pas, qu'Achinoff était ataman de par sa seule volonté. On a dit enfin qu'il ne connaissait l'Abyssinie que de nom et que sa tentative de 1889 avait rencontré la plus vive opposition chez tous les Russes de quelque importance.

J'établirai d'abord l'existence des Cosaques libres, puis je mettrai en cause certains personnages que la France chevaleresque, loyale dans ses sympathies, ne peut que renier.

Mais j'espère faire ressortir clairement que l'ataman Achinoff a mérité et obtenu l'estime des hommes de cœur et qu'il a toujours agi dans un esprit de fidélité à sa religion et au Tsar.

III

PREMIÈRES ÉMIGRATIONS DES COSAQUES

Dès le principe, les Cosaques ont été des hommes libres ne voulant subir aucune autorité, ni celle du gouvernement de Varsovie, ni celle des Tsars de Moscou ; fuyant les pays de servage, ils allèrent s'installer sur les rivières navigables, pour vivre des produits de la pêche et de la chasse.

De la sorte, se formèrent les Cosaques du Don (*Donskoïe woïsko*), puis les Cosaques des îles du Dniéper (*Zaporogskaï sietch*) et d'un autre côté dans l'Oural et sur la Volga les Cosaques libres (*Kosatchia volnitza*).

Ces différents *woïsko* (tribus guerrières), se soulevèrent à différentes reprises contre les Tsars, mais ils firent surtout la guerre aux Turcs et aux Polonais et contribuèrent pour une part considérable à l'accroissement du grand-duché de Moscou.

Ce fut ainsi qu'Iermak, ataman des Cosaques du Don, conquit la Sibérie en 1581 et l'apporta en hommage au Tsar Ivan IV le Terrible. Une partie des Cosaques d'Iermak s'étaient établis à Astrakhan; plus tard, ils descendirent la mer Caspienne jusqu'au Caucase où ils fondèrent le woïsko des Cosaques du Térek.

Certains Cosaques se signalèrent aussi par leurs entreprises révolutionnaires; ainsi Stepan Temopheïtch Razin, grand ataman des Cosaques de la Volga qui fut écartelé à Moscou, et Iémélian Pougatchef qui se fit passer pour le feu Tsar Pierre III et fut exécuté en 1775.

Sous Pierre le Grand, des difficultés de religion s'élevèrent entre les Russes et les Cosaques du Don, appartenant à la secte des *Rascolnik* (Vieux-chrétiens). Malgré la tolérance du Saint-Synode ils émigrèrent au nombre de 20000 sous les ordres de Niékrassoff, leur ataman, et se fixèrent sur la Dounaï, en Turquie.

Vers la fin du XVIIIe siècle les Zaporojtzi eurent à subir des vexations de la part du gouverneur de la Nouvelle Russie, Potemkin, le favori de Catherine II.

Ils rejoignirent en partie les descendants des Cosaques de Niékrassoff dans la Dobroudja ; mais le plus grand nombre traversa la mer Noire et prit possession du Kouban, dans le Caucase; ces derniers ont facilité à la Russie la conquête progressive de ce pays.

Vers la même époque, Wasili-Onesimovitch, ataman des Cosaques de la Dounaï, s'avança vers Constantinople, fonda Maïnos, puis se dirigea vers le pays des Kurdes en traversant l'Asie Mineure par Scutari et Ismid.

Sur tous ces points il laissa des colonies de guerriers; ainsi s'explique la présence des Cosaques en Roumanie, en Turquie et en Perse.

IV

L'ASSOCIATION DES COSAQUES LIBRES

Les descendants de ces émigrés de jadis forment une association admirablement organisée et englobant des nationaux de tous pays ; ce woïsko est même renforcé de *Tcherkess* musulmans.

Toutes les affaires importantes sont réglées par le *kroug*, grand conseil formé des *izbranni* (élus) de toutes les *stanitsas* (cités de Cosaques).

A la tête de l'association est un grand ataman élu par le kroug ; à la mort d'un ataman, le chancelier des Cosaques convoque les izbranni dans un endroit désert où aura lieu l'élection.

L'ataman, ayant en temps de guerre droit de vie et de mort sur ses Cosaques, doit être un homme juste et intègre ; en temps de paix, il est assisté, pour les affaires courantes, d'un conseil privé de dix *essaouls* (chefs de sotnias) ou *starchini* (anciens chefs) et du chancelier.

L'ataman a droit de *veto* contre les décisions du kroug ; de plus, les Cosaques peuvent en appeler à la justice de l'ataman des arrêts des *stanitsi-soud* (tribunaux de village).

On voit la puissance du Cosaque revêtu de ces fonctions ; sur un mot, il peut déplacer des milliers d'hommes. — Ses actes portent l'empreinte d'un sceau, qui est une simple croix grecque, entourée des mots : « *petchat Wolnitzi Kozatchéi* », dont la traduction littérale est : « sceau des Cosaques libres ».

Le trésor de l'association renferme une *icone* (sainte image) d'un travail merveilleux, ancienne relique qui dans les combats accompagne les Cosaques et les protège.

Il contient également les étendards de l'association qui sont renouvelés par chaque ataman.

Le drapeau de Dvouloboy, le 31e ataman, est d'une étoffe de soie rouge aux broderies d'or et d'argent, bordée d'une bande de damas bleu ; la croix qui surmonte la hampe est d'or fin incrusté de turquoises.

Sur une face l'image du Christ entourée des inscriptions suivantes :

« *Pour la Foi, le Tsar, la Russie, les Cosaques.* »

« *Ce drapeau a été fait sous le grand souverain de toute la Russie, Alexandre Nicolaïevitch, et l'ataman Michaelo Wasilievitch, l'an* 1860. »

Sur l'autre face, l'icone de la Vierge est accompagnée de ces mots :

« *Dieu est avec nous! que les peuples se soumettent puisque Dieu est avec nous!*

« *Ne faisons pas honte à la terre russe! Déposons nos os!*

« *Les morts n'ont pas honte!* »

L'ataman se distingue des simples Cosaques par son *tchekhmen* blanc (tunique ornée de cartouches), sa *papakha* (toque) également blanche; mais les insignes personnels sont l'*atamanskaia petchat* (sceau de l'ataman), la *zniamia* (drapeau) et la *chachka* (sabre cosaque).

L'atamanskaia petchat est une cornaline d'Orient montée en bague et qui porte un lion passant entre un croissant au ciel et une étoile à terre.

La zniamia atamanskaia est de soie bleue; et la chachka à la garde d'or couverte de pierreries est un trophée de victoire pris dans un combat sur un pacha des janissaires tué par un Cosaque zaporojetz.

Le Tsar qui possédera cette chachka, dit une prophétie cosaque, *celui-là aura Stamboul.*

V

LES DÉBUTS D'ACHINOFF

Né sur le Térek en 1856, Nicolas Ivanovitch Achinoff quitta à l'âge de quatorze ans sa stanitsa pour suivre en Perse son oncle Féduskine. — Il fit un rude apprentissage de la vie militaire à travers les steppes, courant sus aux pillards et risquant sa vie avec l'audace, la témérité de la jeunesse.

Dans cet enfant, on sentait déjà, à côté d'une intrépidité sans égale, cette droiture de vues, cette franchise de caractère qui devait être la règle de sa vie.

Il a dix-huit ans à peine quand en Turquie on le nomme chef de caravanes, et à vingt ans, il a pris une telle influence sur les Cosaques qu'il est élu essaoul.

C'est vraiment une nature d'élite, celle de cet homme sans culture, mais qui saura concevoir les plus gigantesques desseins dans l'intérêt de sa patrie. Son énergie ardente, combattue par un groupement de toutes les forces de l'administration et de la civilisation, puisera dans la naïve primitivité d'un cœur de héros le courage nécessaire pour tenir en échec la puissance acquise de la science et de l'or.

VI

LE CAUCASE AUX COSAQUES

En 1883, l'essaoul Nicolas Ivanovitch Achinoff entre pour la première fois en relations avec l'administration russe. Il est chargé par les Cosaques d'une mission auprès du gouverneur général du Caucase.

Donc un matin de mai, l'essaoul arrive au quartier général de Tiflis. Un officier l'annonce.

— Que veux-tu? lui dit le gouverneur.

— Excellence, je suis chargé par mes frères d'une mission auprès de toi.

— Ambassadeur alors ! s'écrie le général en riant.

L'essaoul porte la main à son *kinjal* (poignard cosaque); un éclair brille dans ses yeux; il se calme par une crispation de volonté et répond simplement :

— Prince, c'est une requête que je viens déposer entre les mains du représentant de mon Empereur; il y va de l'intérêt du pays et, si tu m'aides, la gloire en rejaillira sur toi.

— De quoi s'agit-il ? répond le général plus sérieux.

— La frontière russo-turque sur la mer Noire est dégarnie; c'est un danger en cas de guerre; mes frères Cosaques te proposént de former le cordon de défense de la mer Noire; abandonne leur 600 verstes de Novorossiysk à Batum et Kars, ils garderont la frontière.

— Quelles conditions ?

—Pour ce woisko, la condition des Vieux-Cosaques : droit d'élection de leurs chefs, souveraineté du Tsar.

— En temps de paix?

— L'ordre sera établi par nous au détriment des voleurs et exploiteurs.

— Quels avantages?

— 1° De 300 à 500 roubles par Cosaque.

— 2° 25 déciatines de terre.

— 3° L'armement.

—Soit, je te promets de faire tout le possible, dit le Prince Dondoukoff-Korsakoff.

VII

FONDATION D'UNE STANITSA

Quelques jours après, les promesses du prince Dondoukoff reçoivent un commencement d'exécution ; l'essaoul Achinoff a l'autorisation de fonder une première stanitsa dans l'Abkhasie.

Il lance son appel : 800 Cosaques accourent immédiatement et entrent en possession des terres concédées.

Ils avaient pris l'engagement de faire disparaître le vol des pays qu'ils occupaient ; aussi commencèrent-ils en faisant la chasse aux Tcherkess pillards, qui enlevaient les troupeaux de bétail. Hélas! les promesses du prince ne furent pas intégralement tenues; bientôt, Achinoff, inquiété par une administration qui bien à tort envisageait la colonisation de la mer Noire par les Cosaques comme un danger pour l'Empire, se décidait à abandonner le Caucase et un rapport défavorable partait pour Pétersbourg. Le prince Dondoukoff écrivait que la colonisation de la mer Noire par les Cosaques constituait un véritable danger pour l'Empire. Les 100 000 Cosaques du Don, du Térek ou de l'Oural, qui étaient disposés à venir, ne furent pas appelés.

Voyant ces difficultés, Achinoff décida d'abandonner le Caucase et Nicolaïewskaïa. Il y laissa seulement sur les terrains concédés des Petits-Russiens.

En partant, les Cosaques leur donnèrent 200 têtes de bétail, 50 chevaux, ainsi que les jardins et vignes que l'on avait commencé à créer.

Nicolaïewskaïa avait appartenu pendant un an aux Cosaques.

Aussitôt que cette décision radicale eut été prise un grand mouvement se fit sur cette question.

Deux grands patriotes, Aksakoff et Katkoff, entreprirent, dans leurs journaux une généreuse campagne ; c'était, disaient-ils, non seulement un grand bien pour la patrie russe — que de peupler une côte de 600 verstes, c'était aussi une nécessité de créer cette défense de la frontière contre les Turcs.

On rappelait à cette occasion que, pendant la guerre de Crimée et même pendant la dernière guerre russo-turque, on avait eu de grandes difficultés au milieu de ces peuples caucasiens de toutes nationalités.

Un détachement du général Kravtchenko,

ayant dû quitter Soukoum, entouré de tous côtés de Tcherkess et d'Abkhases révoltés, n'avait été sauvé que grâce à l'intervention d'un régiment de Cosaques connaissant le pays et usant d'une tactique irrégulière indispensable dans ces montagnes. Tout cela, répété par les gazettes, fut pris en considération par trois sociétés : la Société impériale économique libre, la Société de la marine russe et la Société de l'industrie et du commerce, du général comte Ignatieff.

Ces différentes sociétés protestèrent de leur mieux contre les faux rapports détruisant une entreprise si utile à la Russie.

Ce fut à la suite de ce mouvement d'opinion que le général Vanowski accorda une audience à l'essaoul Achinoff. Celui-ci plaida avec chaleur sa cause si patriotique.

— En résumé, Excellence, s'écria-t-il en terminant, si tu ne crois pas que la colonisation par les Cosaques soit nécessaire pour la Russie, si tu ne sens pas qu'il faut défendre la frontière contre l'étranger, ne vaut-il pas mieux, du moins, céder les terres du Caucase à l'élément russe plutôt qu'aux Allemands ?

Le général Vanowski, très Russe de cœur, fut violemment impressionné par cette dernière phrase :

— Mais les rapports de l'administration?

— Ils sont basés sur de fausses enquêtes. Le Caucase est un grand et fertile pays ; son peuple est noble et franc, mais l'administration du gouvernement actuel l'a gâté pour bien des années.

— Cependant, comment puis-je m'inscrire en faux contre la parole officielle?

— En faisant ton devoir de patriote, et en déférant les faits à la justice de l'Empereur.

— Je ferai tout mon possible, Nicolas Ivanovitch; redis du moins à ton ami Katkoff que mes sympathies seront toujours pour les vrais patriotes.

Achinoff ne pouvait faire plus à ce moment. Il reçut quelques jours après, *par la police*, un communiqué lui notifiant qu'il était impossible de faire droit à sa requête.

L'ataman Dvouloboy, voyant que l'affaire avait échoué, décida que les Cosaques libres repasseraient en Turquie et en Perse. Cette émigration était du reste la résultante du précédent communiqué mentionnant que si les Cosaques voulaient des terres, ils n'avaient qu'à se rendre sur l'Atrek ou en Afghanistan.

Achinoff s'était rendu à Constantinople, accompagné de quelques amis. Là il apprit par les récits de Tcherkess cosaques, revenant d'Égypte, qu'au sud de ce pays se trouvait une grande contrée fertile habitée par les *vieux chrétiens.* Cette région s'appelait l'Abyssinie; c'est alors que l'essaoul conçut l'idée de son premier voyage d'exploration dans l'intérêt de ses frères.

VIII

EN ABYSSINIE. — LES COSAQUES ET RAS-ALULA

L'essaoul Achinoff quitte Stamboul avec quelques Cosaques, s'embarque à Suez sur un bateau à vapeur égyptien qui le dépose à Massaouah. C'était en novembre 1885; les Italiens, parvenus traîtreusement à fomenter une insurrection, ont arrêté le gouverneur égyptien et l'ont envoyé à Suez; le drapeau italien a été hissé sur la ville. On fait de grandes politesses au Cosaque et toutes facilités lui sont octroyées pour l'organisation

2.

de sa caravane ; je passerai sous silence les exagérations des honneurs qui lui sont rendus.

— Tu es un brave, lui dit le gouverneur italien.

— Oh non ! répond l'essaoul modestement.

— Puis-je t'être utile à quelque chose ? ajoute l'Excellence.

— Merci bien !

— Veux-tu des soldats italiens pour renforcer ton escorte ?

— On m'offre des espions, se dit Achinoff et, répondant au gouverneur : — Non, merci, je ne veux pas te priver de tes soldats. Tu en as peut-être plus besoin que moi.

Le gouverneur dissimule son mécontentement ; l'essaoul continue :

— Cependant, puisque tu as la générosité de m'offrir des soldats, j'accepte leurs montures qui me serviront pour mes bagages.

Et c'est de cette façon que, par le don forcé de quelques chameaux, l'Italie subventionna le premier voyage des Cosaques en Abyssinie.

Après cinq jours de marche, la caravane arrive à Asmarah, la petite agglomération où Ras-Alula tient ses états à la tête de ses guerriers. L'entrevue du Ras et de l'essaoul est des plus cordiales. Le grand chef abyssin adopte Achinoff comme hôte et comme ami; les journaux russes et anglais décrivirent à cette époque la fastueuse réception faite aux Cosaques russes.

Pendant une vingtaine de jours, ce ne fut que fêtes, cavalcades et chasses; les chasses aux lions et aux léopards étaient choses nouvelles pour les Russes; mais ils tenaient à justifier leur réputation de courage; Cosaques et Abyssins rivalisaient de bravoure.

L'essaoul s'étant distingué dans une de

ces chasses mouvementées, Ras-Alula s'avança vers lui les mains tendues :

— Tu es mon frère maintenant.

Leur amitié fut beaucoup plus intime à partir de ce moment ; elle avait été consacrée par le danger commun.

Ras-Alula ne veut pas laisser son ami s'enfoncer seul en pays inconnus ; il lui donne une escorte de 2 000 hommes.

La caravane augmentée de cette véritable armée traverse Adouah, et s'arrête deux jours dans Axum, la ville sainte où les Négus souverains sont solennellement couronnés.

Axum est une des villes les plus intéressantes de l'Afrique ; on y montre un temple où, d'après la tradition, est enterré le fils de Salomon et de la reine de Saba.

Poétique vision, celle de cette gracieuse souveraine des temps anciens, que son amour pour le plus grand des Juifs arracha au triste paganisme et immortalisa dans sa conversion à la religion du peuple de Dieu.

Ce temple fut bâti par elle, sur les plans du temple de Salomon ; son tabernacle, arche sainte, contient, dit-on, les commandements écrits par Moïse. Le cœur de l'illustre reine s'était donné au Dieu de son seigneur ; cette relique était son précieux souvenir, le monument fut l'œuvre de son âme fidèle.

Et aujourd'hui encore, dans ce temple juif devenu église chrétienne, les adorateurs du Crucifié mêlent dans leurs prières les noms de ces deux grands amants.

IX

LE NÉGUS JEAN

Après une incursion dans le pays des Petits-Gallas, Achinoff se dirige vers l'Amhara où le négus était occupé à châtier des tribus de musulmans rebelles.

Un émissaire est envoyé à l'empereur Négus lui annonçant l'arrivée d'hôtes venus de Russie.

La réponse ne se fit pas attendre, les Russes seraient reçus avec le plus grand plaisir à Acheng, résidence avoisinant un camp et où le Négus devait passer les deux premiers mois de la nouvelle année.

Achinoff est donc accueilli d'une façon plus que bienveillante, et le Négus lui fait passer en revue les 50 000 soldats qui sont dans le camp.

Certain matin de janvier, des appels de trompettes et un grand mouvement signalent un événement extraordinaire ; c'est jour de fête : le souverain accorde audience aux étrangers et fait dire au Cosaque qu'il compte sur lui.

Je n'entrerai pas dans les détails de la pompe usitée pour ce genre de cérémonie ; toujours est-il que l'essaoul, interrogé sur ce qu'il désirait, obtint du Négus des concessions de terrains pour ses Cosaques ; il pourrait choisir parmi les meilleurs et aurait tous les avantages possibles.

— Maintenant que j'ai traité au mieux tes intérêts, lui dit le Négus en terminant, donne-moi des nouvelles de la croix que j'ai envoyée en 1876 à l'empereur Alexandre II.

— Je n'en ai jamais entendu parler, répond l'essaoul.

L'aumônier du Négus donne de plus amples explications.

— Le roi Jean, voyant le désir du clergé abyssin d'entrer en relation avec le clergé russe, avait écrit une lettre autographe au Tsar, à peu près dans les termes suivants :

« Toi qui es grand comme Constantin, puissant comme Alexandre de Macédoine; toi qui commences à battre les musulmans, sache que moi aussi je les ai déjà battus et que, d'après nos prophéties, le Tsar et le Négus doivent se rencontrer à Jérusalem.

« En témoignage de mon affection, je t'envoie la vieille croix en or qui doit réunir nos cœurs comme frères d'une même religion. »

— Mais à qui fut remis cet objet ? demande Achinoff.

— Au consul russe, par le monastère abyssin de Jérusalem.

Achinoff apprit par la suite qu'en effet le consul Kojernikof avait reçu cette croix d'une immense valeur et qu'à Pétersbourg, elle avait été remise au Ministère des affaires étrangères, en l'absence de Gortchakoff malade ; puis elle avait disparu.

— Pourquoi l'Empereur ne renvoie-t-il pas ce cadeau, s'il ne veut pas de l'amitié du Négus? disait le prêtre.

— L'empereur Alexandre II est mort, l'empereur Alexandre III ignore cet oubli.

Ras-Alula était tout-puissant sur l'esprit du Négus et soutenait les Cosaques en toute occasion ; c'est grâce à son intervention qu'*Achinoff fut chargé officiellement par le*

Négus de la mission d'acheter en Europe des armes pour les troupes abyssines et quelques jours après il prit congé de la noire Majesté qu'il ne devait plus revoir.

X

RETOUR DE L'EXPÉDITION

La caravane, se dirigeant vers le Soudan, arrive à Matama au lendemain d'une sanglante bataille où le Négus de Godjam à la tête de 20 000 Abyssins a été complètement battu par les derviches musulmans.

Les vainqueurs au nombre de 40 000 n'osent pas attaquer les 2 000 hommes escortant la caravane ; ils croient être en face de l'armée entière de Ras-Alula, et craignent des représailles.

Ce hasard préserve les Abyssins ; autrement, l'armée des derviches aurait certainement pénétré jusqu'à Gondar. — Achinoff visite quelques peuplades soudaniennes du côté de Kassala et fait une dernière station à Asmarah.

Une troupe de derviches noirs arrive sous les ordres d'un cheik envoyé par Osman-Digma ; le cheik s'exprime avec le pittoresque oriental :

« Au nom du grand Osman-Digma, serviteur d'Allah et protégé par le Prophète, à toi essaoul, Cosaque élu par nos frères tcherkess, salut !

« Les oreilles de mon maître ont été frappées par la renommée de ton courage, qui a franchi le désert plus rapidement que l'aquilon !

« Le juste qui m'envoie te prie d'accepter ces cadeaux, produits de son pays : qu'ils soient reçus en souvenir d'une amitié qu'il désire. »

L'essaoul voulant témoigner de sa profonde gratitude, chargea trois Tcherkess cosaques de porter ses remerciements à Khartoum, où se trouvait Osman-Digma.

La caravane comprenait au retour plus de cent chameaux, porteurs de cadeaux, dont une grande partie destinée à l'empereur de Russie ; les Cosaques rejoignent Massaouah pour reprendre la mer.

Ils sont reçus triomphalement par la colonie grecque, et le gouverneur italien, leur donne un grand banquet d'adieu.

La dernière parole de Ras-Alula avait été :

— Ménage l'amour-propre du Négus, et tâche d'obtenir de l'Empereur une réponse, de façon à en terminer avec cette histoire de la croix.

Achinoff laisse son monde à Alexandrie, et se rend au Caire d'où il écrit à l'Empereur par la voie de la légation russe.

En substance, sa lettre dépeint le pays abyssin riche et fertile, avec une population bonne et bien disposée en faveur des Cosaques.

Puis il demande humblement à Sa Majesté de bien vouloir accepter les modestes présents que lui, sujet fidèle, lui offre avec son cœur.

Achinoff arrive à Constantinople au mois de mai 1886 avec un cheik soudanien et deux jeunes Abyssins, dont un parent du Négus Jean.

Les Cosaques libres de Stamboul lui apprennent que l'ataman Dvouloboy en expédition chez les Kurdes, ayant été tué à la suite d'une décision injuste, le grand kroug est convoqué dans la montagne pour élire le nouvel ataman.

XI

ÉLECTION D'UN ATAMAN

Le 11 juin 1886, une grande animation régnait dans le val ordinairement désert où doit avoir lieu le kroug secret des Cosaques libres.

De toutes parts dans les montagnes arrivent les délégués des stanitsas affiliées, et l'accès n'est pas facile : un cordon de jeunes Cosaques posés en sentinelles avancées protège la clairière désignée pour le kroug.

— *Kto tame?* (Qui est là ?) entendait-on.

Et la réponse était :

3.

— *Kosatché wolnitzi* (Cosaques libres).

— Pour qui?

— Pour Dieu et le Tsar.

Et ils passaient, avec leur mot de ralliement, guerriers de toutes nations, Cosaques izbranni, ayant fait des milliers de verstes, venant du nord ou du midi, des frontières de Chine ou des montagnes de l'Autriche.

La clairière est entourée complètement de forêts sous lesquelles ont été à la hâte dressées une dizaine de huttes de feuillage; il est neuf heures. Environ trois cents izbranni sont arrivés dont un certain nombre de Kurdes ou de Tcherkess, musulmans affiliés. Le kroug est constitué dans un respectueux silence.

Tous les izbranni sont assis en rond; seul, debout, le chancelier lit à l'assemblée l'exposé des différentes questions qui ont motivé la convocation du kroug. — Wasili Ivanovitch est un des Cosaques les plus estimés, aussi l'écoute-t-on avec la plus grande attention, et toutes ses motions sont-elles adoptées sans discussion.

Il en arrive à l'élection de l'ataman :

— Brattsi, qui entendez-vous élire?

Personne ne dit mot : un izbrannoy, se faisant l'écho des pensées de tous, lui demande de désigner son candidat.

— Désirez-vous qu'il en soit ainsi?

— Oui, oui!

— Vous voulez pour ataman un homme intelligent et capable, vous voulez un Cosaque dévoué qui ait beaucoup fait pour ses frères et soit disposé à donner sa vie pour eux?

— Oui, oui.

— Je connais un de vos frères qui n'a jamais cessé de travailler pour votre cause, qui a souffert pour les petits; qui, en Russie, a été victime des grands, et qui, après un premier échec, est allé risquer sa vie pour vous dans les déserts d'Afrique.

— Hurrah pour lui!

— Il a non seulement fait preuve de bravoure, mais aussi de sagacité, puisqu'il a obtenu du Négus d'Abyssinie des terres pour les Cosaques.

— Hurrah! Il doit être élu!

— Starés, cet homme est juste, doit-il être élu?

— Oui, oui.

— Starchini, cet homme est brave, le voulez-vous pour ataman?

— Oui, oui.

— Izbranni, mes frères Cosaques, je vous propose pour ataman Nicolas Ivanovitch.

— Hurrah pour Nicolas Ivanovitch!

— Quelqu'un s'oppose-t-il à cette élection?

Personne ne faisant d'objection, le grand

ataman des Cosaques libres était Nicolas Ivanovitch Achinoff.

Au milieu du kroug, on apporte les insignes du pouvoir suprême : la riche chachka d'ataman, la papakha, le tchekhmen tissé de laine blanche.

Le nouvel élu revêt le tchechmen et met la papakha sur la tête; le chancelier lui ceint la chachka.

Tous les izbranni jettent leur papakha à terre et l'ataman s'incline des quatre côtés; les drapeaux de ses prédécesseurs sont déployés; à côté de Nicolas Ivanovitch, le woiskvoy starchina tient l'étendard de Dvouloboy, le dernier ataman.

Puis le pope Siméon chante le *Moleben* (Te Deum) pour la santé du Tsar, de l'ataman et de tous les Cosaques.

Mnogaia lieta! Vietchnaia pamiat! (Beaucoup d'années de vie aux vivants! Éternel repos pour l'ataman et les Cosaques morts!)

On amène au milieu du kroug un cheval de pur sang arabe dont le harnachement est couvert d'argent travaillé; l'ataman se met en selle; il prononce un discours de remerciements et jure de vivre et de mourir pour les Cosaques.

On lui apporte un *koubik* (coupe) de vieil argent contenant deux bouteilles de vin rouge; l'ataman les boit d'un trait à la santé des Cosaques.

— *Za Zdorovié Kosakow!* (A la santé des Cosaques!)

— *Za Zdorovié atamana!* (A la santé de l'ataman!), répondent les Cosaques.

La cérémonie se termine par un festin; les musulmans mangent à part et boivent du *med*, sorte d'hydromel. Enfin l'acte d'élection est signé de tous les izbranni et mis dans un coffre de pierre enterré en présence de dix Cosaques. Nicolas Ivanovitch est une puissance avec qui l'on devra compter désormais.

XII

JUSTICE RENDUE

Achinoff était venu à Pétersbourg et avait eu à lutter contre des intrigues nombreuses dont il avait triomphé à force de constance et d'énergie. Enfermé dans un cercle d'accusations, il avait dans un superbe élan, supplié l'Empereur de le juger, afin de le condamner s'il était coupable; ajoutant que, s'il l'était, il ne serait pas venu en Russie.

Et seul pour se défendre, sans poste officiel, il doit encore lutter contre plusieurs ministres. M. Manasseïn, ministre de la justice, sur l'ordre du Tsar, présente à Sa Majesté un rapport sur les affaires du Caucase. Il peut démêler le vrai du faux, et Achinoff a la satisfaction d'apprendre que l'Empereur a ordonné le classement de cette affaire du Caucase (*Prekrattit :* finie). Bien plus, au mois d'avril 1887, il reçoit du quartier général un communiqué disant que l'Empereur, ayant regardé ses présents, les a acceptés.

Cela est un échec pour les puissants ennemis d'Achinoff.

XIII

PREMIÈRES BASES DE LA MISSION PROJETÉE

Après un court séjour à Pétersbourg, Achinoff prépare son expédition en Abyssinie; il commence d'abord ses démarches auprès du Saint-Synode, et adresse au métropolite Isidore un rapport sur les tendances orthodoxes des Abyssins. — Il rappelle que le Négus et le Ras-Alula appuient de toutes leurs forces les désirs des prêtres abyssins d'entrer en communication avec l'Église russe; jusqu'à présent, ils ont eu des évêques koptes; désormais ils seraient heureux que le Saint-Synode leur envoyât des archimandrites.

Achinoff demande surtout que ce rapport ne soit pas communiqué à M. de Giers et au ministère des affaires étrangères, car il considère M. de Giers qui n'est pas orthodoxe et les agents de sa chancellerie comme les pires adversaires de sa mission et de la religion russe.

Le métropolite Isidore ayant la haute main sur tous ces projets à cause de sa situation prépondérante à la tête des missions étrangères donne son adhésion pleine et entière au projet de l'ataman, et ordonne de rechercher un prêtre disposé à partir pour l'Abyssinie en qualité d'archimandrite.

De ce moment date la part active, dans l'expédition, du Père Païsi, proposé par Achinoff. Savant, il connait à fond les langues orientales et possède un très réel talent oratoire. Désintéressé, il a tous les caractères d'un apôtre de la foi chrétienne. Malgré les ordres du métropolite, son investiture sera retardée jusqu'au mois d'août 1888.

L'ataman, n'ayant plus rien à faire à Pétersbourg, se rend à Moscou pour conférer avec les nombreux amis sympathiques à son œuvre; puis, après une courte apparition au Caucase, il continue à l'étranger sa campagne de propagande.

Il vient à Paris en novembre 1887. Grâce à des amis influents, le gouvernement français est informé de ses intentions toutes sympathiques à la France; d'après ses idées, en Abyssinie comme en Égypte, les intérêts français et les intérêts russes sont absolument liés.

Le sentiment national qui l'anime lui permet de rendre aussi des services effectifs à la nation sœur.

Mais le moment est peu propice à Paris pour parler de questions étrangères; la politique intérieure occupe tous les esprits, les ministères ne font que paraître et tomber; on assiste à la triste comédie des procès wilsoniens: la crise présidentielle s'ouvre. Comment pourrait-on s'intéresser au commerce abyssin? Les pourparlers n'ont aucun résultat pratique.

XIV

L'AFFAIRE NABOKHOF

Achinoff arrive à Constantinople, le 25 décembre 1887, pour les fêtes de la Noël russe.

Il retrouve le capitaine Nabokhof, officier remarquable et d'un courage à toute épreuve, qui, après sa première expédition en Bulgarie, a été interné en Russie; s'étant réfugié à Constantinople, il a été adopté par les Cosaques libres, et élu essaoul.

Le capitaine Nabokhof, organise, d'accord avec le pope Illia, une expédition pour tenter un nouveau soulèvement en Bulgarie.

Le père Païsi croit devoir intervenir; il mande Nabokhof au couvent de Saint-Pantilémon occupé par les moines du Mont-Athos et essaie de le dissuader en présence de l'ataman.

Cet entretien mérite d'être noté; il est une preuve du bon sens de Païsi.

— Pourquoi veux-tu te lancer dans une affaire si obscure et si dangereuse? demande le Père à Nabokhof.

— Parce que je servirai ainsi le Tsar et la religion.

— Il n'est nullement prouvé que tu serves le Tsar, en obéissant au mot d'ordre de M. de Giers, et en servant les combinaisons de sa politique.

— Je ne puis rentrer dans ma patrie, je suis exilé; du moins je risquerai ma vie pour elle.

— Prends garde, mon frère; ne trahis pas

les Cosaques, ne va pas en Bulgarie, tu y seras tué.

— Ami, ajoute l'ataman Achinoff, sers ta patrie d'une façon droite et à ciel ouvert; les Cosaques libres ont le projet de se rendre en Abyssinie; tu es un de leurs essaouls; ton devoir est de les suivre.

— C'est impossible, dit Nabokhof, j'ai promis.

— N'abandonne pas la cause des Cosaques, cela te portera malheur.

Une influence fatale l'emporta sur les bons conseils; Nabokhof fit la tentative que l'on sait, et les Bulgares fusillèrent leur ancien compagnon de la guerre russo-turque.

On peut s'inscrire en faux contre ce fait; il est rigoureusement exact; mais la diplomatie de M. de Giers prétendit qu'elle était complètement étrangère à l'affaire.

XV

LES ESPIONS A CONSTANTINOPLE

On fait déjà grand bruit autour du nom de l'ataman Achinoff; il est étroitement surveillé et traîne perpétuellement derrière lui des espions anglais, allemands, autrichiens, sans compter les agents de la police turque et du consul russe Lagowski.

Tantôt on raconte qu'il a été tué en Bulgarie, tantôt on dit qu'il prépare une révolution.

On va jusqu'à raconter au sultan qu'il reste à Constantinople pour l'assassiner; des espions italiens font un rapport affirmant que l'on fabrique de la dynamite chez lui pour faire sauter le palais du sultan.

A la suite de ces rapports, la police opère deux perquisitions sur un bateau russe où les Cosaques sont signalés comme passagers : on recherche les fusils et la poudre dont les Cosaques sont présumés porteurs.

Le consul russe laisse s'effectuer ces deux descentes de police sans aucune protestation.

Achinoff, prévoyant que M. Alexis Lagowski ne défendrait pas les droits du bateau russe, avait tout fait transporter dans un dépôt italien. C'est sous le pavillon de l'Italie que se firent les premiers préparatifs ; on ne chercherait pas dans un magasin italien les fusils, les cartouches et la poudre destinés aux Cosaques.

Des places sont retenues sur le bateau russe *Kostroma*, qui fait le service des Indes.

Achinoff dépiste les espions, fait célébrer par le Père Païsi un moleben en l'honneur du second départ pour la mer Rouge, et s'embarque tranquillement pour Scutari. Les Cosaques qui sont du voyage le rejoignent individuellement, et, le matin, de bonne heure, le *Kostroma* vient les prendre ; quant aux bagages, de petits bateaux les ont transportés auparavant sur le bateau russe.

Les espions ont continué à faire le guet, ne sachant où les Cosaques ont passé, et attendant toujours l'occasion favorable de se distinguer par la capture de l'ataman.

Il était en route depuis trois semaines, quand ils apprirent qu'il leur avait glissé entre les mains. — Non seulement les espions furent joués, mais ils reçurent la bastonnade sur les talons.

XVI

DEUXIÈME VOYAGE DANS LA MER ROUGE

Achinoff arrive à Tadjourah au mois de mars 1888; il fait la connaissance de Mohammed-Leita, sultan de Danakil, dont les prédécesseurs ont cédé Obock à la France.

Le sultan lui offre, quand il se rendra de nouveau en Abyssinie, de passer par son pays. Il lui promet et lui garantit libre passage pour ses caravanes.

L'ataman avait adressé de Constantinople une lettre au Négus, lui annonçant son arrivée et demandant que des représentants du clergé abyssin vinssent assister aux fêtes du neuvième centenaire de la conversion des Russes au christianisme.

Tandis qu'il est à Tadjourah, le Négus envoie pour l'archimandrite de Jérusalem l'ordre qu'une députation de prêtres soit envoyée à Pétersbourg conduite par Achinoff. Celui-ci, au lieu de pénétrer dans l'intérieur, décide de retourner en Russie avec les délégués abyssins qu'il va chercher à Jérusalem ; il ne laisse à Tadjourah, pour surveiller les bagages, que quelques Cosaques et les Abyssins envoyés par le Négus.

A Jérusalem, il remet l'ordre du Négus à l'archimandrite Johanna. Celui-ci voulait faire partir un grand nombre de moines abyssins, ce qui aurait augmenté l'importance de la manifestation ; d'après l'ataman, il suffit d'en envoyer deux. L'archimandrite désigne comme délégués le prêtre Grégoire et le diacre Michel.

XVII

LES FÊTES DU CENTENAIRE

Les prêtres abyssins parfaitement accueillis à Saint-Pétersbourg par le métropolite Isidore se rendent ensuite à Moscou.

Dans la vraie capitale de la Sainte Russie, on les traite admirablement, comprenant leur mission et la confraternité des églises russe et abyssine. De splendides cadeaux leur sont remis par les riches marchands de Moscou, tels que vases sacrés, icones, *rizi* (habits sacerdotaux en étoffes d'or et d'argent).

A Kiew, le métropolite Platon les invite à prendre part à des cérémonies religieuses célébrées avec une pompe et un éclat extraordinaires. Un grand banquet réunit six cents personnages dont cinquante évêques.

Après avoir remercié ses invités de leurs toasts de félicitations, précédés par les toasts d'usage aux membres de la famille impériale, le métropolite Platon prononce quelques mots à l'adresse des Abyssins :

— Maintenant, la parole est à nos hôtes des plus lointains pays, nos chers Abyssins, nos frères les plus anciens de la chrétienté qui nous arrivent de si loin, non point menés par un général haut placé, mais par notre Cosaque de cœur, le cher Nicolas Ivanovitch Achinoff.

Les Abyssins sont revêtus d'un *khiton* blanc (tunique); ils rappellent les anciennes images qui reproduisent les traits des apôtres ; l'ataman porte son grand costume, le tchekhmen blanc et sa chachka aux diamants qui scintillent ; il leur servira d'interprète.

Les deux étrangers se lèvent et font trois saluts aux convives, puis le prêtre Grégoire commence en ces termes :

— Je vous salue, mes frères ; permettez-moi de vous appeler ainsi, car nous sommes frères par la religion ; vieux chrétiens, nous sommes venus de loin et nous sommes restés malgré les vexations de puissants diplomates.

Dans cette occasion solennelle du neuvième centenaire du christianisme en Russie, nous sommes à Kiew pour vous porter les félicitations de notre souverain le Négus des Négus, de notre patrie aimée, de nos compatriotes enfin. Notre nation a embrassé la religion chrétienne longtemps avant les Russes, et elle vous envoie ses sentiments de sympathie et de fraternité.

— A la santé des Abyssins ! s'écrièrent les assistants.

Les Abyssins quittent Kiew enthousiasmés, et retournent à Saint-Pétersbourg; les plus hautes influences agissent en leur faveur et ils obtiennent une audience de l'Empereur. Des larmes de joie coulent sur leurs joues quand ils sont reçus par le grand Tsar blanc.

Ils offrent au souverain une sainte icone, un ancien évangile écrit sur parchemin datant des premiers siècles; ils développent le plan de l'église projetée à Jérusalem et demandent la haute protection du Tzar pour l'Église abyssine, pour la religion sœur de la religion orthodoxe.

Toute la famille de l'Empereur, Sa Majesté l'Impératrice, et ses augustes enfants témoignent de leur bienveillance pour les deux prêtres. Dès le lendemain de cette audience, l'ataman Achinoff se remet à travailler à la parfaite organisation de la croisade qu'il veut entreprendre.

XVIII

MA PREMIÈRE ENTREVUE AVEC ACHINOFF

Si dans le monde des fonctionnaires à tendances allemandes on cherchait à rendre ridicules les projets du Cosaque, toute la société russe de Pétersbourg témoignait une grande sympathie à celui que l'on appelait déjà le *Jean Bart* de la Russie.

J'en entendais parler de tous côtés et étais très curieux de connaître ce personnage extraordinaire dont on s'occupait si fort. Un de mes amis, à qui je manifestais ce désir de simple curiosité, me dit un jour :

— Vous désirez réellement connaître Achinoff?

— Oui, certes!

— Vous me garderez le secret... à cause de ma situation.

— C'est convenu.

— En ce cas, je vous l'amènerai demain matin.

Il faut dire que X... était un des secrétaires de M. de Giers; ceci se passait, je crois, quelques jours après le premier voyage de l'empereur d'Allemagne, vers le commencement d'août 1888.

Le lendemain, je vois entrer dans mon modeste kouartir de la Grande Morskaia, mon ami X... et un homme de haute stature en costume de Tcherkess. Je m'attendais à tout autre chose : je pensais voir un Tartare grossier au visage taillé à coups de hache. Mais non, c'est réellement quelqu'un, ce Cosaque :

il doit avoir un mètre quatre-vingts; sa poitrine large et bombée le grandit encore; sa physionomie est douce, malgré sa barbe fauve qui, rejoignant ses cheveux de même teinte, forme une auréole et semble une crinière de lion. L'œil bleu laisse deviner l'âme d'enfant de cet énergique, sous un regard naïf et caressant; les attaches sont fines, et la main nerveuse posée sur le kinjal est une main de femme.

Grâce à mon ami X..., nous pouvons nous comprendre. Il ne parle pas français. Il m'explique ses plans, son œil à certains moments livre passage à des éclairs d'acier. Ah! il doit être terrible à ses ennemis, ce doux Cosaque.

Il ne paraît pas tendre pour les fonctionnaires qu'il accuse de germanisme; il faut le voir dire : Z... ou X... ou *** Allemand (un des quelques mots qu'il sait en français), et tout en le disant il remue son kinjal avec un claquement de langue significatif, et qui dit avec quelle volupté il en débarrasserait la terre.

Cependant je pris goût à voir le doux et terrible Cosaque, et il ne se passait guère de jour que nous ne nous vissions, échangeant nos idées, avec une sympathie réciproque dont je m'honore très sincèrement.

Un jour, il m'apporte sa photographie avec une dédicace qui montre bien ses sentiments pour la France en leur naïve et énergique expression.

« Au patriote français, vicomte de Constantin, à l'ami des Français à qui tous les Cosaques sympathisent beaucoup et désirent être ensemble contre les ennemis communs.

« *L'ataman des Cosaques libres,*

« NICOLAS IVANOVITCH ACHINOFF.

« Salut et vive la France » !

« Qu'il ne soit pas de commencement ni de fin à notre amitié franco-russe ! *Amen !* »

XIX

TRAITÉ AU NOM DU NÉGUS

Le 20 août/1er septembre, Achinoff me disait :

— Mon comte, tu as pu voir par mes conversations combien je déteste les ennemis de ton pays.

Sur un signe d'assentiment, il continue :

— Si ton gouvernement veut s'associer à mon expédition, je puis, je crois, lui rendre de grands services au détriment de la Triple alliance (*sic*) de l'Angleterre, l'Allemagne et l'Italie.

— Mais je ne suis vis-à-vis de vous qu'un simple particulier.

— Peu importe! Peux-tu t'engager à montrer au chef du gouvernement de la France le traité que je passerai avec toi ?

— Je prendrai cet engagement.

— Alors, je ne suis pas inquiet, car tes ministres sont patriotes avant tout, et tu n'auras même pas à plaider ma cause : le papier parlera.

Après de courtes explications, fut rédigé en langue française, avec traduction russe en regard, un document dont voici la copie conforme :

CONVENTION

Entre l'ataman Achinoff représentant Sa Majesté le roi d'Abyssinie, et le vicomte Jean-Robert de Constantin, agissant en son nom personnel, a été convenu ce qui suit :

Article Ier. — L'ataman Achinoff charge le vicomte de Constantin, qui accepte, de s'entendre avec les personnages politiques et financiers avec lesquels il est en relations pour procurer au roi d'Abyssinie les armes ci-dessous mentionnées, savoir :

50 000 fusils d'infanterie, nouveau système;
50 000 mousquetons de cavalerie;
5 000 revolvers;
20 mitrailleuses;
20 petites pièces de montagne à longue portée;
5 000 sabres.

Pour chacune de ces armes, il faudra 100 à 200 cartouches, et pour chaque millier de fusils 20 machines à cartouches. Quant aux mitrailleuses, elles doivent être munies chacune de boîtes de mitraille de 500 à 1 000 charges.

Art. II. — Les envois seront échelonnés de telle sorte que les paiements puissent être effectués au fur et à mesure des livraisons en Abyssinie.

Art. III. — Lorsque M. de Constantin effectuera une première livraison contre remboursement, une certaine somme sera en outre déposée dans une banque comme garantie des autres livraisons.

Art. IV. — L'ataman Achinoff autorise pleinement

le vicomte de Constantin à traiter au mieux de l'achat des armes précitées, et il garantit le remboursement de tous les achats et les frais par le trésor de Sa Majesté le Négus.

Fait double de bonne foi à Saint-Pétersbourg.
20 août/1er septembre 1888.

Signé :
L'ataman des Cosaques libres,
NICOLAS IVANOVITCH ACHINOFF.

Signé :
Vicomte DE CONSTANTIN.

Cette convention ne m'engageait qu'à demander au gouvernement français la livraison *à crédit* et par fractions des armes déclassées dont nos arsenaux étaient remplis et qui, depuis, ont été cédées à des industriels pour être vendues dans les bazars moyennant quelques francs.

Aussitôt après la signature de cet acte, l'ataman saisit la plume, et, par une lettre qu'il m'adresse, prend, vis-à-vis de la France, les plus sérieux engagements.

Voici les termes de cette lettre :

Mon cher ami Ivan Victorovitch,

Pour compléter notre traité concernant les affaires d'Abyssinie, je considère comme mon devoir d'ajouter que si vous réussissez à faire agréer au gouvernement de la République française la convention conclue entre nous, je vous promets :

1° De défendre et faire défendre par les Abyssins les caravanes françaises à l'égal des caravanes russes et à l'exclusion des caravanes des autres nations;

2° De diriger le plus possible les caravanes d'Abyssins sur les ports français puisque nous sommes amis de la France ;

3° De faire établir des lignes régulières de caravane entre l'Abyssinie et votre colonie;

4° Particulièrement de protéger les caravanes de votre pays contre les attaques de Danakil, dont le sultan Mohammed-Leïta est mon ami, et me l'a promis pendant mon dernier voyage.

Toutes ces promesses, je les confirme par ma parole de chrétien et d'ataman.

L'ataman des Cosaques libres,

NICOLAS IVANOVITCH ACHINOFF.

Saint-Pétersbourg, 20 août/1er septembre 1888.

XX

LE MOINE PAISI

Mais il est temps de présenter à nos lecteurs l'archimandrite Païsi.

Le Père Païsi a été pendant vingt-cinq ans l'un des moines les plus vénérés des couvents du mont Athos ; pour mieux faire connaître sa personnalité, je veux dire quelques mots de ces moines du Mont-Athos, qui, défenseurs d'une forteresse avancée en plein pays musulman, semblent bien plus soldats que religieux.

Le Mont-Athos, *Hagion-oros* (montagne

sainte des Grecs modernes), est un promontoire qui termine l'extrémité sud-est de la presqu'île de Salonique, la Chalcidique des Anciens.

Cette masse rocheuse de 40 kilomètres de long sur 6 de large est haute de 2 000 mètres; l'isthme qui la relie au continent n'a pas 2 kilomètres, si bien qu'on trouve encore des vestiges du canal creusé par les ordres de Xerxès pour livrer passage à ses vaisseaux.

Mais on se souvient à peine des villes qui s'y sont succédé riches et florissantes, dans l'antique splendeur des idoles et des dieux de la mythologie.

Qui parlera encore de ce fantastique sculpteur des temps anciens qui, sublime artiste d'une excessive flatterie, voulait tailler, dans cet immense bloc de calcaire, une gigantesque statue du grand Alexandre?

Aujourd'hui, les faux dieux sont à terre et

sur la poussière de leurs débris, les empereurs chrétiens ont élevé des églises autour desquelles les moines sont venus vivre, oublier et prier.

Au centre se trouve le bourg de Karyaes, résidence d'un conseil administratif et judiciaire, sorte de synode formé des représentants de tous les monastères, car il y a au Mont-Athos une vingtaine de couvents qui, tout en suivant la règle de Saint-Basile, sont aujourd'hui dépendants d'autorités différentes : du patriarche orthodoxe grec, du patriarche uniate, du métropolite russe, des évêques de Serbie, Bulgarie et Roumanie.

Dans ces couvents, plus de 6000 moines basiliens, observent leur règle avec une étrange ferveur, et même avec une passion qu'au XIXe siècle on peut trouver presque fanatique.

Tout dernièrement, des voyageurs voulant

approcher de trop près l'enceinte fortifiée furent accueillis à coups de pierre ; s'ils avaient insisté, ils couraient la chance d'être lapidés. Il est vrai de dire qu'ils étaient accompagnés de leurs femmes et que l'accès des monastères étant interdit au sexe gracieux, les novices faisant le guet avaient voulu éloigner le danger brutalement.

Au temps de la grandeur de Byzance, le Mont-Athos était le refuge des ambitions déçues ; les grands désillusionnés allaient y achever leur vie, préférant la tranquillité du cloître aux sourires méprisants, à l'insultante amitié de leurs protégés de la veille.

Les grandes infortunes privées cherchent encore un abri dans cette solitude peuplée : en cette enceinte paisible, on ne voit que le beau ciel d'azur, symbole d'espérance et de paix ; contre les solides murailles viennent se heurter, assourdis, les cris et les intrigues d'un monde oublié par le cénobite en prière.

Et si, dans la foule de ces moines se devinent des tempéraments d'apôtres et de missionnaires, c'est une nouvelle éducation qu'ils reçoivent et qui les entoure d'une invincible cuirasse leur permettant d'affronter de nouveau la lutte.

Combien alors ils sont plus forts, ces hommes qui, connaissant les épreuves de la vie, ont passé des années à se recueillir, à se retremper, avant de rentrer dans le monde.

Tel était le Cosaque Wasili Ivanovitch, en religion le père Païsi.

Il appartenait aux Cosaques de l'Oural, un type remarquable parmi les Cosaques, curieux mélange d'audace et de bonté, de religiosité et d'indépendance.

Quel vaillant homme était Wasilï Ivanovitch, du woïsko d'Orenbourg! Appartenant à une riche famille, il quitta sa stanitsa à 18 ans et, de 1840 à 1862, il participa à toutes les expéditions des Cosaques contre les khans de l'Asie centrale qui retenaient en esclavage un grand nombre de chrétiens, sujets russes.

La première tentative ordonnée en 1840 par l'Empereur Nicolas contre Khiva ayant échoué, le général Pérovsky porta sur le Sir-Daria la base de ses opérations, et notre Cosaque prit une part ardente à cette longue et pénible campagne qui préparait les victoires des généraux Tchernaïeff, Kauffmann et Skobeleff.

Après la prise de Djoulek en 1861, qui assurait la conquête du Kokan, Wasilï Ivanovitch rentra à Orenbourg; dans la vie civile même, il trouva matière à occuper son activité extraordinaire.

La plupart des Cosaques étant vieux

chrétiens, l'archevêque faisait tous ses efforts pour obtenir des conversions; Wasilï-Ivanovitch de son côté entama la discussion, soutenant avec acharnement la cause des vieux chrétiens et apportant à ses sermons laïques la fougue d'un soldat convaincu.

Il remporta de tels succès que l'archevêque le fit appeler et chercha à faire cesser cette propagande religieuse.

Il se heurta contre une conviction inébranlable et raisonnée :

— Pourquoi, lui dit le prélat, veux-tu t'insurger contre le clergé orthodoxe, toi simple laïque?

— Parce que Pierre le Grand le novateur, en créant le clergé officiel, a avili le caractère indépendant sans lequel nulle église ne peut vivre. L'évêque orthodoxe n'est maintenant qu'un simple tchinovnik.

— Le Tsar Pierre, en réglant la religion

d'État, voulut supprimer ces trop nombreuses sectes où les superstitions les plus basses étaient en faveur.

— Il les a au contraire augmentées, car les mougiks eux-mêmes cherchent la lumière et controversent indéfiniment plutôt que de se soumettre à un catéchisme de bureaucrates.

L'archevêque termina cette longue discussion, en lui disant qu'il comprenait combien son éloquence était de nature à détourner les croyants de la religion du gouvernement; puis ils se mirent d'accord pour un *modus vivendi* :

— Au moins, puisque vous manquez de prêtres, acceptez les nôtres; rascolniks et *pravoslavni* (vrais croyants) sont réellement *iédinoveretz* (de même foi); soyons donc unis dans le fond de nos cœurs.

Après un échange de concessions obtenues

par le zèle de Wasilï Ivanovitch, il n'y eut plus de dissensions religieuses dans Orenbourg; pourtant cela ne lui suffit pas, et, quelque temps après, il vendit ses biens, en distribua le montant aux pauvres avec l'intention d'entrer dans la vie religieuse. Tandis que sa femme et sa fille se retiraient elles-mêmes dans un couvent, il se présenta au monastère de Saint-Pantilémon, au mont Athos.

Ce monastère existe depuis la conversion de la Russie; et, bien que les Grecs aient cherché à se l'approprier, l'élément russe y a toujours prédominé : aussi le Cosaque Wasilï Ivanovitch y fut-il accueilli avec enthousiasme; il était si estimé pour sa bravoure et sa remarquable intelligence, que sa décision fit un très grand effet et, dès le premier moment, les moines de Saint-Pantilémon subirent l'ascendant du moine Païsi, l'ancien Cosaque d'Orenbourg.

XXI

A SAINT-PANTILÉMON

Saint-Pantilémon était principalement soutenu par des subsides venant de Russie; les dons annuels des Russes s'évaluent à environ un million de roubles, Moscou figurant pour la moitié; de plus, la grande majorité des moines appartenaient à la nationalité russe : malgré cela, le patriarche de Constantinople avait toujours mis à la tête du couvent un archimandrite grec.

Peu de temps après l'arrivée de Païsi, l'archimandrite mourut et, quand il fut question de pourvoir à son remplacement, l'autorité supérieure se heurta à des difficultés toutes nouvelles. Les Russes, à l'instigation du nouveau moine, s'étaient groupés résolument et déclaraient qu'ils n'accepteraient qu'un archimandrite russe.

La chose fit grand bruit et faillit provoquer un incident diplomatique; l'ambassadeur de Russie à Constantinople était alors le général comte Ignatief, ce serviteur fidèle de la Russie dont les sentiments anti-allemands n'ont pu trouver grâce devant M. de Giers.

On se souvient de l'influence extraordinaire qu'il exerça sur le Divan pendant ses douze années de séjour à Constantinople; elle était telle qu'un journaliste, s'étant permis une attaque contre lui, fut sévèrement réprimandé par Madjid-Bey, directeur de la presse : « Dites du mal du sultan si vous voulez, mais ne touchez pas au général. » L'ambassadeur intervint avec énergie et les moines furent autorisés à élire leur supérieur.

Leur choix, dirigé par le Père Païsi, se porta sur le moine Makari, célèbre par ses vertus, sa droiture et son tact ; c'était un ancien banquier de Toula, du nom de Souchkine, qui, en prenant l'habit religieux, avait abandonné au monastère une fortune de 2 millions de roubles.

Le gouvernement turc avait dû à ce moment envoyer la force armée pour rétablir l'ordre ; cette sorte de révolution monacale expliquerait les bruits en cours depuis quelques années sur la transformation des couvents du Mont-Athos en casernes russes.

Cependant Païsi ne voulut aucun avancement hiérarchique et resta simple moine. Son esprit travaillait toujours pour le bien d'autrui ; il fut frappé des souffrances de ses compatriotes à Constantinople. Les pèlerins russes arrivaient en masse dans cette ville, se dirigeant vers le Mont-Athos ou vers Jérusalem; Grecs et Turcs les exploitaient de leur mieux, et, selon l'usage, le consul russe n'intervenait pas pour les aider, mais pour viser leurs passeports contre 2 francs, destinés aux malades de l'hôpital.

Païsi eut la généreuse idée de fonder un hospice pour les pèlerins pauvres : il put construire cette maison avec l'aide de ses riches amis de Russie, et 500 voyageurs y trouvèrent en même temps une hospitalité gratuite.

Cette *podvorié* (refuge), située à Galata, avec vue sur le Bosphore, devint l'asile de milliers de pèlerins; des moines avaient pour fonctions de remplir les formalités de douane et de s'occuper de tous les détails matériels pendant le séjour de leurs hôtes.

Cette institution fut si appréciée que les autres monastères du Mont-Athos suivirent le bon exemple et plusieurs construisirent pour leurs nationaux une hôtellerie de pauvres ; c'est ainsi que le nom de Païsi devint rapidement populaire en Orient : « *Où est notre conseil et protecteur Païsi?* » telle était la première parole du Russe arrivant à Constantinople.

Son vœu le plus cher eût été de créer en outre une école slave où les Slaves de tous pays, Bulgares, Serbes, Monténégrins, Roumains ou Russes, auraient pu trouver l'enseignement de leur langue et de leur religion, afin qu'ils ne devinssent pas les recrues de ces écoles protestantes si florissantes depuis quelques années.

Bien que l'argent affluât pour cette fondation et que les fonds nécessaires fussent mis à la disposition du Père par plusieurs *gertvovateleï* (bienfaiteurs), ce projet ne put se réaliser à cause du mauvais vouloir du consul russe, qui paralysa ces tentatives et ne laissa pas accorder l'autorisation nécessaire.

Le moine Païsi eut encore occasion de se distinguer pendant la guerre russo-turque ; au lieu d'abandonner sa podvorié, il résolut d'y rester au risque d'être attaqué et tué par les Turcs dans un moment d'effervescence très naturel. Il choisit sept moines entre les plus intrépides et les garda en leur disant :

— Notre devoir est de rester pour protéger l'Église russe, Dieu nous guidera; mais si nous sommes tués, que sa volonté soit faite !

Et ils restèrent au milieu de leurs ennemis toute la durée de la guerre, visitant les prisonniers russes, soignant les blessés.

Voilà quelle fut la vie de ce moine vénéré

jusqu'au jour où il consentit à se donner corps et âme à l'expédition religieuse d'Achinoff, et c'est cet homme qu'un jour l'amiral Olry, pour couvrir sa faute, dépeindra comme dépourvu d'initiative, *un jouet au service d'Achinoff*.

XXII

INVESTITURE DU SAINT-SYNODE

La diplomatie officielle avait un singulier effroi de cette mission en Abyssinie, mission qui excitait des sympathies si dévouées et si nombreuses dans toutes les classes de la société; il s'agissait enfin pour Achinoff, cet apôtre de la doctrine slave, d'obtenir la consécration officielle.

Malgré toutes les intrigues contraires et grâce à la puissante intervention du métropolite Isidore qui appréciait la haute valeur et la vertu chrétienne du moine Païsi, ce dernier fut investi solennellement d'une mission évangélique en Abyssinie.

Après le service que le vénérable patriarche Isidore célébra lui-même à la cathédrale de Saint-Alexandre Nevskaia-Lavra (monastère) en présence d'une grande affluence de fidèles, il sacra archimandrite le Père Païsi et lui remit au nom du Saint-Synode la crosse, la mitre et une croix (*napersni*) pour les services rendus aux Russes en Turquie pendant plus de vingt-cinq ans;

Après avoir donné au nouvel archimandrite la bénédiction apostolique pour son œuvre de missionnaire, le métropolite Isidore termina par ces paroles.

— Si tu es tué, tu mourras pour la foi chrétienne et tu auras la palme du martyre.

Cette consécration en vertu du Saint-Synode souverain était la sanction suprême plaçant la mission sous la protection de l'Autocrate. Le caractère officiel était donné à la mission et tout agent russe d'un ordre quelconque devait s'incliner et aider à tous les préparatifs du départ.

XXIII

LES PRÉPARATIFS DE DÉPART

C'est maintenant au nom de l'union intime de l'Orthodoxie et du Czarisme que l'archimandrite Païsi et l'ataman Achinoff continuent leur campagne de propagande.

Ils se rendent d'abord à Moscou où leurs projets excitent une grande exaltation religieuse. Les aumônes arrivent de toutes parts. Ce sont des icones en argent et en or, de luxueux vêtements sacrés, des croix, des autels, des iconostases richement ornés.

La mission a un caractère tout à fait national, et les pauvres eux-mêmes apportent leur obole.

Les grands journaux russes ouvrent dans leurs colonnes des listes quotidiennes de souscription.

Les fonds sont centralisés entre les mains du général Lermontof, secrétaire de la Société de Palestine dont le président est Son Altesse Impériale le grand-duc Serge (1).

Et dire que tout cela n'empêchera pas M. de Giers de contester à la mission son caractère national !

En quittant Moscou, l'ataman Achinoff se rend à la foire de Nijni-Novgorod ; il y est reçu avec le plus grand enthousiasme. Les marchands les plus riches comme les mougiks les plus modestes s'unissent pour faire un véritable triomphe à ce pionnier de la Russie.

(1) *Nouvelle Revue* du 15 mars 1889. — PETROFF, Chronique de Russie.

Un grand banquet est offert à l'ataman. On acclame dans les toasts l'activité sans bornes d'Achinoff et on l'encourage dans sa lutte contre les tchinovniks minutieux et tracassiers.

L'ataman se fait applaudir en montrant le Négus, soutenu par la Russie et la France, arrivant à confédérer les populations africaines et à barrer le chemin au mouvement anglo-italien.

Sa dernière phrase est particulièrement acclamée par ces vrais Russes qui, éloignés de la vie officielle, gardent toute indépendance :

« Nous autres, Cosaques libres, nous nous moquons de tout le monde et ne connaissons que le Tsar ! »

L'archimandrite Païsi va prêcher la mission au milieu des Cosaques du Don qui l'accueillent avec respect comme évêque et considèrent Achinoff comme un héros.

Un riche Cosaque offre de fournir l'argent nécessaire pour l'érection d'un monastère en Abyssinie. De pareilles offres étaient faites de divers autres côtés. Les souscriptions ouvertes dans le *Nouveau Temps*, *Swiet*, *Moscovskaïa Viedomosti*, produisaient des milliers de roubles.

A côté de l'aumône du riche, le pauvre apportait son obole d'une façon souvent bien touchante. Une vieille mendiante, en donnant cinq copeks à l'archimandrite, lui disait :

— Mon Père, je n'ai pas plus.

Tout le pays s'enthousiasmait. La diplomatie russe seule restait sourde à la voix du peuple. De même, les gouvernants d'un peuple ami étaient trop occupés de leurs combinaisons ministérielles pour avoir le temps de lire les journaux qui témoignaient de cette unanime acclamation, et ils ne surent pas reconnaître qu'Achinoff, loin d'être un aventurier, représentait alors l'élu du grand peuple russe, s'élançant à une croisade nouvelle.

XXIV

L'AMIRAL KRANTZ ET LES MÉTHODISTES

Pendant que l'ataman Achinoff poursuivait son projet avec énergie, bien des gens s'occupaient de lui en Europe ; à Paris, on était déjà renseigné officieusement sur l'existence du traité d'armes qui a paru dans un précédent chapitre.

Quoi qu'il en fût, l'Angleterre, l'Allemagne et l'Italie surveillaient avec inquiétude les préparatifs d'Achinoff, et les chancelleries de ces trois pays commençaient leurs démarches contre la mission russe.

Dans les premiers jours d'octobre, le ministre de la marine, alors l'amiral Krantz, reçut une demande d'audience d'un grand personnage anglais, appuyé par l'ambassadeur d'Angleterre lui-même.

Le duc de X... fut accueilli avec les plus grands égards par le ministre de la marine.

Il venait raconter au ministre que la police anglaise à Pétersbourg avait été informée qu'une expédition se formait pour l'Abyssinie, sous les auspices des personnages les plus puissants de l'empire russe.

M. Krantz était un homme froid et mesuré, peu accessible aux mouvements irréfléchis. Il sentait d'autre part que cette plaidoirie contre la Russie, venant d'un affilié du marquis de Salisbury, ne pouvait être qu'intéressée. Tant que le lord anglais ne parla que d'un mouvement russe, l'amiral se tint sur ses gardes.

Ne valait-il pas mieux pour la France

qu'un Cosaque débarquât en armes sur les côtes de la mer Rouge, plutôt que de laisser s'accomplir l'invasion certaine des Anglais et des Italiens en Abyssinie, et — plus loin — l'entrée des Allemands à Zanzibar ?

Par une inspiration subite, l'Anglais en vint à parler de la propagande religieuse que les Russes orthodoxes allaient porter sur ce sol barbare, d'accord avec le Négus chrétien : ce serait l'échec pour toujours des grandes idées du moderne protestantisme que les missionnaires méthodistes auraient pu librement développer.

M. Krantz était méthodiste. C'était dès lors au conseil des ministres une voix de plus contre l'expédition russe.

XXV

UNE PREMIÈRE DÉMARCHE CHEZ M. FLOQUET

Cependant j'avais pour mission d'intéresser le gouvernement français au succès de l'expédition. Je pensais que M. Floquet, ayant beaucoup à se faire pardonner de l'Empereur de Russie, se montrerait patriote adroit et franc; c'est pourquoi j'allai frapper chez le Président du Conseil.

Je fus convoqué pour le vendredi 21 septembre par une lettre de M. L. André. M. Floquet était souffrant, mais le jour même je reçus une seconde lettre d'audience pour le samedi 22 septembre 1888 à 3 heures; cette lettre était signée de M. A. Bonhoure, ce très aimable chef de cabinet aujourd'hui à la tête d'une préfecture.

M. le Président du Conseil était toujours malade; mais, comme il y avait urgence, j'apportai mes documents à M. Bonhoure; il en prit connaissance avec le plus grand intérêt et jugea très vivement quel parti la France pouvait tirer d'une telle situation.

Il me promit d'en parler avec M. Floquet et de me faire appeler dès qu'il serait complètement remis.

Je lui donnai toutes les explications complémentaires, et comme je lui disais mes craintes de voir tous les avantages des transactions commerciales portés à la Belgique, si la France refusait de les agréer :

— N'ayez pas cette crainte par avance,

s'écria-t-il, j'espère que l'on fera quelque chose ici; je transmettrai vos paroles, mais n'allez pas dans un autre pays.

— Ce n'est nullement mon intention, lui répondis-je; mais je ne suis ici qu'un mandataire, et les personnes qui ont eu confiance en moi peuvent perdre patience.

XXVI

ENTREVUE AVEC M. FLOQUET

Les paroles notées, à la suite de mes conversations, peuvent être niées, cela ne prouvera absolument rien.

Le fait certain, c'est que les ministres ont connu cette affaire avant leur sanguinaire détermination.

En dehors de documents qui, selon l'expression d'Achinoff, parlaient par eux-mêmes, ils ont été absolument renseignés sur les intentions de l'ataman.

M. Pascal, d'Aix, m'envoya une lettre

d'audience, à la suite d'une nouvelle démarche, et le mercredi 31 octobre, je fus reçu par le président du conseil.

C'était le jour où parvint à Paris la nouvelle de l'accident de Borki; M. Floquet fut excessivement aimable, il me semblait sympathique et je croyais voir sur sa figure un de ces francs sourires qui éclairent le visage des braves gens.

Je lui confiai absolument les moindres détails de l'entreprise, avec l'espérance d'Achinoff d'être utile à son empereur et en même temps à la nation française, pour laquelle il professait la plus sincère amitié.

Et M. Floquet hochait la tête avec un mouvement approbateur.

Je m'attachai surtout à démontrer sous quel haut patronage était lancée l'expédition.

Officiellement, elle serait désavouée en cas d'échec, disais-je au Ministre ; mais pour qui connaît un peu la Russie, l'autorisation de sortir en armes, et de faire réunir des souscriptions dans les journaux, de même que l'appui effectif accordé par le Saint-Synode, tout cela prouvait que l'Empereur n'était pas hostile.

M. Floquet souriait toujours ; il parut exulter quand je lui remis de la part d'Achinoff une lettre autographe, ainsi qu'une photographie accompagnée d'une dédicace. — Cet hommage que je transmettais moi-même à un personnage officiel ne devait-il pas être refusé tout simplement, si l'intention de ce personnage était d'opposer une fin de non-recevoir à mes propositions?

Mais M. Floquet m'assura qu'il étudierait avec soin cette question de la plus haute gravité et qu'il en entretiendrait ses collègues en conseil des ministres.

XXVII

INTRIGUES DIPLOMATIQUES

M. Goblet, que je n'ai pas eu l'honneur de voir, pourrait dire qu'il n'a rien su de cette histoire, si, même avant que le président du conseil lui en eût parlé, il n'avait été mis au courant le mardi 2 octobre par Son Excellence M. le comte de Munster, ambassadeur d'Allemagne.

M. de Bismarck tenait beaucoup à pousser l'Italie vers l'Abyssinie pour causer un déplaisir à la France; mais naturellement les arguments présentés par M. de Munster semblaient au premier abord plaider uniquement la cause de la paix.

Au commencement de novembre, les organes de la chancellerie allemande, obéissant à un mot d'ordre, cessent d'attaquer l'influence britannique.

Le prince de Bismarck engage à Londres des négociations pour obtenir le concours armé de la Grande-Bretagne sur le littoral de Zanzibar ; ses journaux déclarent qu'il ne saurait y avoir de vraie rivalité entre l'Angleterre et l'Allemagne sur le terrain colonial.

Le *Times* du 2 novembre, tout en repoussant l'idée d'une action commune sur terre, propose une sorte d'action commune des navires anglais et allemands.

M. Crispi demande de nouveaux crédits militaires au cas où il faudrait procéder à une mobilisation immédiate.

Un télégramme de Londres, daté du 6 novembre, impressionne vivement le public :

A la Chambre des lords, le marquis de Salisbury déclare qu'à la suite des événements récents qui se sont passés *dans l'Afrique orientale*, l'Allemagne a résolu de prendre les mesures les plus énergiques pour empêcher le commerce des esclaves et L'IMPORTATION DES ARMES :

« Nous avons certaines preuves, dit-il, que la traite a eu lieu, d'une façon très active, sous le pavillon français. Nous ne pouvions pas l'arrêter, parce que *nous n'avons pas le droit de visite sur les navires français.*

« Nous avons insisté très vivement sur ce point auprès de l'Allemagne, et les deux puissances se sont adressées au gouvernement français ; celui-ci, quoique peu disposé à abandonner une politique traditionnelle, a déclaré qu'il consentait à regarder le blocus, tel que nous le proposons, comme donnant accidentellement le droit de visiter les navires n'importe sous quel pavillon.

« Par cet arrangement, nous obtenons *pour la première fois*, et *cela a une valeur sans prix, le pouvoir d'arrêter et de visiter tous les navires*. Nous sommes heureux d'ajouter que le gouvernement français ira plus loin : il est probable qu'il enverra un vaisseau pour coopérer aux opérations navales, qui sont sur le point de commencer. »

Le même jour, le *Temps* publie une note officieuse relative au rôle de la France dans l'action combinée de l'Allemagne et de l'Angleterre à Zanzibar ; cette note mentionne les conversations qui ont eu lieu entre notre ministre des affaires étrangères et les ambassadeurs d'Allemagne et d'Angleterre au sujet de ce droit de visite d'Angleterre.

Le point essentiel est non la traite des nègres, question secondaire, mais la *transpor-*

tation des armes de guerre sur bateaux portant pavillon français à destination du littoral. Et la France limite ses concessions à la contrebande de guerre uniquement.

Cette importante mesure était le résultat de l'entrevue anglaise de M.Krantz, des conversations de M. de Munster avec M. Goblet, enfin des influences italiennes sur M. Floquet.

Au quai d'Orsay, on dira qu'elle ne visait que Zanzibar; c'était le prétexte : en réalité, cette abdication, conséquence des menées méthodistes, anglaises, allemandes et italiennes, nous atteignait d'une façon absolue à Madagascar et dans la mer Rouge.

MM. Floquet et Goblet nous sacrifiaient aux trois puissances intéressées; aussi le cousin de M. Floquet, M. Mariani, nommé ambassadeur de la République Française en Italie, par décret du 6 novembre, était-il certain de trouver l'accueil le plus chaleureux au Quirinal.

Ayant reçu une lettre pressante de l'ataman Achinoff, je revis le 23 novembre M. Bonhoure, puis enfin M. Floquet.

Je lui dis dans quelle impatience on était, et je réclamai de lui une décision.

Sa réponse fut assez vague et il demanda à communiquer les pièces au conseil des ministres.

Trois jours après il me les rendit, ajoutant qu'on étudierait la question, qu'il n'y avait rien d'engagé et quand je lui dis l'intention d'Achinoff d'effectuer son départ dans le plus bref délai, *il ne souleva aucune objection, me recommandant de rester en relations suivies pour avoir les voies et moyens de lui faire parvenir le résultat des décisions prises*.

Mais M. de Bismarck et M. Crispi, adversaires

résolus de la mission russe, allaient pouvoir user de l'influence de notre ambassadeur, *persona gratissima* à Rome sur l'esprit de M. Floquet.

Celui-ci, déjà circonvenu par les ennemis de la mission russe, n'eut pas la franchise et la charité de repousser mes propositions. Il me laissa même écrire à Achinoff qu'il pouvait partir avec bonne espérance. L'ataman devait avoir le sort réservé aux traitants d'esclaves.

XXVIII

LE DÉPART

En revenant du Caucase, l'ataman Achinoff s'arrête à Sébastopol pour voir le ministre de la marine, l'amiral Chestakoff; celui-ci l'accueille avec la plus grande bienveillance :

— Que puis-je pour toi, Nicolas Ivanowitch? lui dit l'amiral après avoir écouté le plan de campagne.

— Excellence, je suis très sensible à tes offres, mais ce n'est pas de l'argent que je viens te demander.

— Soit; dans une telle entreprise, cependant les frais sont à tel point considérables que tout allégement est précieux. Non seulement je te ferai escorter officiellement, mais je mettrai un bateau à ta disposition pour transporter tes hommes.

L'ataman accepta avec la plus profonde reconnaissance les avantages offerts par le ministre de la marine.

Dès le lendemain, des ordres étaient donnés pour l'affrétement d'un bateau de la flotte volontaire de Moscou, et la canonnière *Mandjour*, à ce moment dans les eaux de l'Archipel, dut se tenir prête à escorter le bateau-transport.

Octobre et novembre furent employés à réunir à Odessa ceux qui devaient faire partie de la mission.

Tout était prêt pour le départ, l'amiral Chestakoff mourut presque subitement; ce fut un malheur pour la Russie, et surtout pour l'expédition d'Achinoff. Le nouveau ministre de la marine, M. Tchighatcheff, refusa de laisser maintenir les ordres de son prédécesseur.

L'ataman Achinoff fut donc obligé de louer le bateau russe le *Korniloff*.

Le 10 décembre 1888, plus de 20 000 personnes couvraient les quais du port d'Odessa, et c'était un singulier mélange de riches et de pauvres. Le mougik coudoyait son maître, les moines étaient entourés de groupes d'officiers.

Tous étaient venus, enthousiastes et croyants, acclamer ces prêtres et ces guerriers allant porter dans les pays sauvages la bannière chrétienne de la civilisation russe. Un immense hurrah salua les émigrants au moment où, descendant lentement de la ville haute, ils se dirigèrent vers le port.

Ils étaient là 145 braves gens précédés par l'archimandrite Païsi, appuyé sur le bras de l'ataman Achinoff. Au milieu d'eux de gracieuses jeunes femmes et de jeunes enfants dont plusieurs, hélas! devaient trouver la mort par la perfidie de promesses non tenues.

En passant devant les prêtres, les mères présentaient leurs enfants à la bénédiction sacrée, et c'était un spectacle touchant que ces adieux et ces étreintes suprêmes sur tout le parcours.

Aucun trouble ne se produisit. Les autorités n'étaient certes pas représentées officiellement, mais nous pouvons dire à leur honneur que pas un des fonctionnaires d'Odessa n'avait manqué de venir se mêler à la foule pour cette grande manifestation.

Pendant plusieurs minutes le bateau, avant de prendre son élan, a côtoyé lentement la jetée ; les derniers saluts s'échangent et de frénétiques hurrahs s'élèvent dans l'air, échos de patriotisme dont le bruit est certainement arrivé aux oreilles de M. de Giers.

Tel fut le mystère avec lequel cette mission religieuse quitta sa patrie. Pourtant, chose curieuse, M. de Giers et M. de Morenheim prétendirent n'en rien savoir.

R
er
le
cô
ag
pe
te
l'a
m
fr

XXIX

D'ODESSA A DJEDDAH

Le ministère des affaires étrangères de Russie avait télégraphié à ses représentants en Turquie le passage d'Achinoff. Sitôt que le *Korniloff* fut dans le Bosphore de tous côtés arrivèrent des bateaux portant les agents de la police turque. On ne permit à personne de descendre du bateau ni d'y monter. Les journaux turcs avaient raconté que l'ataman Achinoff était accompagné de deux mille Cosaques, ce qui ne manquait pas d'effrayer le gouvernement de la Porte. Mais ces mensonges n'étaient pas suffisants pour qu'on outrageât le drapeau russe, et le consul Lagowski s'empressa de venir faire son devoir trente-six heures après l'arrivée du bateau, au moment même où l'on était prêt à lever l'ancre. C'est seulement à cet instant précis que le *Korniloff* fut débarrassé de la police, et Achinoff eut de très grandes difficultés pour faire charger les bagages et les hommes restés à Constantinople en attendant le passage de la mission.

De Constantinople elle arriva à Port-Saïd en faisant escale à Alexandrie sans aucun incident digne d'être relaté.

A Port-Saïd, elle eut à déjouer les intrigues italiennes. Achinoff, ayant su que le gouvernement français avait accordé le droit de visite sur les bâtiments français aux gouvernements italien et anglais, arrêta le bateau autrichien l'*Amphitrite*, pour cette raison que ce pays, quoique appartenant à la Triple alliance, mais sauvegardant sa dignité nationale, avait refusé cette concession du droit de visite.

Le transbordement dut se faire secrètement du *Korniloff* sur l'*Amphitrite*.

Les agents d'Achinoff apprennent qu'un croiseur italien est dans leur sillage et prétendent que des ordres ont même été donnés pour visiter l'*Amphitrite*. Les Cosaques croient courir le risque d'être attaqués; ils surveillent tous les mouvements de l'*Agostino-Barbarigo*, qui leur fait une escorte d'honneur, les suivant à une portée de canon depuis Suez jusqu'à Djeddah.

XXX

LA MISSION A DJEDDAH

Ici j'ai la bonne fortune de pouvoir publier un chapitre de la plus grande importance, sur lequel j'appelle toute l'attention des lecteurs. Ce qui va suivre emprunte un intérêt spécial au témoignage considérable du Consul de France à Djeddah. Les renseignements que j'ai notés sont extraits de lettres écrites à Mme Adam par M. Watbled.

« Le 12 janvier 1889, l'*Amphitrite*, vapeur du Lloyd austro-hongrois, portant la mission russe, entrait dans le port de Djeddah, étroitement convoyé depuis Suez par l'aviso italien l'*Agostino-Barbarigo*.

« Immédiatement Achinoff et sa femme descendaient à terre et se rendaient au Consulat français qu'ils savaient chargés des intérêts russes.

« Quant à l'*Agostino-Barbarigo*, son commandant, arraisonné par le capitaine du port, déclarait qu'une avarie de machine le forçait de mouiller à Djeddah, qu'il n'avait pas l'intention de communiquer avec la terre et qu'il repartirait dès que son avarie serait réparée.

« L'ataman et Sophia Ivanowna furent accueillis par M. Watbled, consul de France, comme sujets d'une grande puissance amie auxquels il devait aide et protection, et avec l'intérêt qui s'attachait à une expédition ayant un caractère semi-offfciel, qu'elle empruntait à la présence de l'archimandrite Païsi délégué du Saint-Synode et aux objets sacrés du culte dont ce prélat était porteur.

« Le représentant de la France à Djeddah, sans doute mieux renseigné que M. Goblet au quai d'Orsay, savait que, demi-apôtre, demi-colonisateur, Nicolas Ivanowitch Achinoff poursuivait un but national et religieux, que l'ataman des Cosaques libres était l'apôtre d'une grande idée russe et l'ennemi acharné des influences allemandes. M. Watbled pensait que toutes ses sympathies devaient être acquises à une mission qui allait tenter la conquête morale de l'Abyssinie, afin de l'aider à refouler le fanatisme musulman et les madhistes, puis de créer, en même temps, au sein de la mer Rouge, une nation indépendante et civilisée, capable de devenir la gardienne d'un passage qui doit jouer désormais dans la politique des puissances maritimes, un rôle non moins considérable que celui du Bosphore et des Dardanelles; il estimait enfin que l'expédition russe ayant pour résultat certain de faire échec aux Italiens et aux Anglais, dans la mer Rouge et en Abyssinie, méritait toutes les sympathies d'un patriote français.

« Le lendemain à midi, M. Watbled, accompagné de son chancelier M. Krajewski, se transportait à bord de l'*Amphitrite* pour rendre la visite qu'il avait reçue la veille. Achinoff vint à la coupée recevoir le consul de France, qui fut accueilli par les hurras de toute la mission massée sur le pont du bâtiment, les hommes en costume de guerre, les femmes et les enfants en habits de fête.

« Pendant la visite de M. Watbled, des chœurs russes se firent entendre; ils alternaient avec des danses cosaques, pleines d'originalité et de pittoresque.

« Quel fut l'entretien de l'ataman des Cosaques libres avec le Consul français ?

« Achinoff raconta son embarquement à Odessa, au milieu des flots pressés de la population et le concours du clergé, accouru pour saluer et bénir le départ de la mission qui allait porter la bonne parole de l'orthodoxie sur la terre éthiopienne ; il dit l'irritation de ses compagnons qui ne pouvaient se tromper sur la surveillance étroite exercée par l'*Agostino-Barbarigo* et le mal qu'il avait à retenir ses Cosaques, voulant courir à l'abordage de l'aviso italien et le mettre dans l'impossibilité de continuer sa poursuite ; il déclara qu'il se dirigeait vers Obock, terre française, au lieu de Zeilah ; que la route était sans doute plus longue pour gagner le Choa, mais qu'elle était plus sûre, étant plus éloignée des influences italiennes de Massaouah. Avec de chaudes paroles, Achinoff dit son amour pour le Tsar, son pieux dévouement pour l'orthodoxie, sa haine contre l'Allemagne, ses ardentes sympathies pour la France, répétant ce qu'il avait déjà écrit le 28 mars 1888 à Mme Adam : « Ah ! comme je voudrais voir la France reprendre en Égypte et dans la mer Rouge la situation que les Anglais et les Italiens lui ont volée ! »

« C'était répondre à la pensée la plus intime de M. Watbled, qui, depuis le premier jour de son installation dans la mer Rouge déplorait les fautes commises au plus grand détriment des intérêts français, et par le gouvernement impérial et par celui de la République. »

En effet, si le gouvernement de Napoléon III, trop fidèle à cette politique d'inconséquences et de tergiversations qui devait avoir, en fin de compte, de si terribles résultats pour notre pays, ajourna toujours l'occupation effective de points aussi importants que la baie de Zeilah et de l'île de Disseh, acquis à la France, par les traités régulièrement conclus en 1860 avec des souverains africains, il appartenait du moins au gouvernement de la République de ne pas permettre les audacieux empiétements de l'Italie et de l'Angleterre qui, au mépris de nos droits, ont planté leurs drapeaux sur ces mêmes points. Espérons que le jour viendra où la France revendiquera les droits qu'elle possède sur des territoires qui lui ont été régulièrement concédés et dont l'occupation lui assurera, dans la mer Rouge, une position stratégique et commerciale suffisante pour lui garantir, dans toutes les circonstances qui peuvent se produire, la libre navigation de la grande route du commerce de l'extrême Orient.

Quand le consul de France, reconduit à la coupée de l'*Amphitrite,* par Achinoff et l'archimandrite Païsi, échangea avec eux une dernière et chaleureuse étreinte, énergique expression de leur patriotisme, de leurs convictions communes, tous les Cosaques hissés sur les bastingages remplirent l'air de leurs hurras et des cris répétés de : « Vive la France ! vive la France ! »

L'*Agostino-Barbarigo* était mouillé à quelques encâblures. Le même jour, vers quatre heures du soir, l'*Amphitrite* quitta le port de Djeddah. Immédiatement l'*Agostino-Barbarigo* reprit également la mer, naviguant, pour ainsi dire, dans les eaux du navire autrichien qui portait la mission russe.

Le jour même, M. Watbled avait eu l'occasion d'entretenir, à l'agence du Lloyd, le commandant de l'*Amphitrite* qui lui avait rendu le meilleur compte de l'attitude d'Achinoff et de ses compagnons, et de l'ordre parfait qui régnait à bord pendant tout le voyage.

A la même heure, les feuilles italiennes à

la solde de M. Crispi éditaient les plus infâmes calomnies contre la mission russe, qu'elles représentaient comme un ramassis de brigands, d'ivrognes et pis encore. Achinoff avait violé deux filles à bord de l'*Amphitrite*, disaient les Italiens. Et, malheureusement, ces monstrueuses calomnies étaient répétées par plusieurs feuilles françaises.

XXXI

UNE RÉVOLTE A BORD

Hurrah ! Hurrah !

Vive la France, criaient les Cosaques enthousiasmés, tandis que l'*Amphitrite* sortait du port de Djeddah !

Et ils lançaient ainsi un dernier cri de remerciement vers le fonctionnaire français dont la présence au milieu d'eux avait apporté la confiance et l'espoir.

Cependant les Italiens de l'*Agostino-Barbarigo* s'émurent de ces vivats qu'ils prenaient pour de belliqueuses clameurs ; le commandant craignant d'avoir à se défendre contre les Russes, fit sonner l'alarme et ordonna le branle-bas.

Il n'avait pas tout à fait tort de s'inquiéter : les Cosaques, irrités de cet espionnage persistant, avaient résolu de réaliser leur projet de la veille, et de prendre à l'abordage le croiseur italien.

Au milieu de la nuit, l'ataman Achinoff est réveillé brusquement par le père Païsi :

— Viens immédiatement, Nicolas Ivanovitch.

— C'est donc grave ?

— Oui, je crains une complication sérieuse ; nos compagnons, j'ai cru le comprendre, préparent un coup de tête ; ton autorité est nécessaire pour les calmer.

— Mon père, je suis à tes ordres.

Et tandis qu'Achinoff s'habille et revêt les insignes de son pouvoir, l'archimandrite lui explique comment le diacre Juvenoli a remarqué un mouvement inusité, des conciliabules entre les Cosaques, enfin le ralentissement du bateau de façon à accoster l'*Agostino-Barbarigo* en virant brusquement.

Il est une heure du matin quand l'ataman, précédant le père Païsi, monte sur le pont; les Cosaques réunis par petits groupes écoutent les dernières instructions des meneurs ; ils n'ont pas vu l'entrée en scène de leur chef.

Toujours suivi de l'archimandrite, Achinoff se place sur le banc du commandant; d'une voix de stentor, il s'écrie :

— Frères, écoutez-moi :

A cet ordre les Cosaques, sans un murmure, forment le cercle.

— Qui donc est le maître ici, reprend l'ataman ? Ils sont bien criminels ceux qui, par leurs perfides conseils et leurs fallacieuses promesses, vous entraînent à la perte ; que retirerez-vous d'un acte accompli contre le droit des gens ; le pillage, vous le savez, n'est permis par nos règlements qu'après un combat loyal où l'ennemi nous ayant mis dans le cas de légitime défense, le vainqueur peut prendre le prix de sa victoire.

« Dans toute autre circonstance, une agression non motivée est un crime, une lâcheté.

« Commettre telle félonie, nous attirerait la malédiction de Dieu. »

Le père Païsi ponctuait ce discours de signes d'approbation, et les Cosaques l'écoutaient avec stupeur ; sur ces dernières paroles, un jeune homme s'avance :

— Tu nous as mal compris, Nicolas Ivanovitch, il ne s'agit pas de pillage, loin de nous la pensée de te déplaire ; tu es notre chef et nous t'obéirons, mais permets-nous de te dire nos raisons.

— J'y consens ; parle.

— Les Italiens sont nos ennemis ; ils nous espionnent, et ce bateau qui ne nous perd pas de vue nous ennuie ; nous voulons en finir.

— Vous avez des devoirs plus importants à remplir ; nous ne pouvons compromettre l'avenir de notre entreprise pour un acte qui n'est en somme qu'une simple vexation ; nous avons la responsabilité d'un devoir religieux à accomplir, nous avons à sauvegarder l'existence précieuse des femmes et des enfants qui sont auprès de nous.

— La mer, c'est pourtant la liberté, dit encore un des meneurs.

— Aussi n'avons-nous aucun droit de barrer le chemin au vaisseau italien. Je vous ordonne de rentrer dans vos cabines.

A ce moment le moine intervient, et dans un langage plein de grandeur, il adjure les

Cosaques d'obéir à leur chef; puis il termine ainsi :

— Cosaques, mes frères, à genoux! Au nom du Dieu fait homme, je vous bénis!

L'ataman adossé contre le grand mat incline sa haute stature; le prêtre trace dans l'air un signe de croix; les mutins sont domptés, et tous, courbés à terre, répondent :

— Amen.

Tandis que les étoiles illuminent de leurs innombrables flambeaux cette scène religieuse, le rouge fanal de l'Italien semble un œil sanglant qui guette une proie.

Mais les mauvaises idées se sont dissipées; à trois heures le calme règne à bord.

XXXII

SOUAKIM ET TADJOURAH

Les deux bateaux arrivent à Souakim naviguant de conserve. Les Anglais, prévenus des incidents de Djeddah, étaient très inquiets des conséquences de cette expédition russe. Le gouverneur envoie à bord du navire autrichien le capitaine du port assisté du chef de la police.

Ces deux fonctionnaires sont reçus par le commandant à qui ils viennent poser les questions les plus indiscrètes sur les Russes, sur ce qu'ils ont fait et ont l'intention de faire.

L'autrichien a la présence d'esprit de répondre qu'il ignore absolument les desseins d'Achinoff et qu'il a simplement traité pour les transporter à Obock et de là en Chine et à Wladivostock.

Le capitaine du port demande alors si on veut accepter comme passagers cinq ou six négociants. Au nombre de ces passagers se trouve un officier italien que des indélicatesses ont éloigné de ses fonctions militaires pour en faire un vulgaire espion.

Au sortir de Souakim les deux vaisseaux se dirigeant vers Périm sont assaillis par une tempête qui les sépare. Quand la mer fut redevenue calme, le vaisseau italien avait disparu.

Le 6/18 janvier l'*Amphitrite* entra dans le port de Tadjourah. L'ataman Achinoff, à Port-Saïd, avait été salué par un archimandrite abyssin délégué par le patriarche de Jérusalem pour honorer la mission russe se rendant en Abyssinie; de plus, en exécution des ordres du Négus, trois prêtres abyssins s'étaient embarqués avec Achinoff pour l'accompagner, au besoin le précéder et prévenir le Négus.

Aussitôt à Tadjourah, l'Ataman écrivit trois lettres au Négus Jean, au Ras-Alula et à Menelik, Négus du Choa; et une première caravane s'enfonça dans les terres ayant à sa tête les prêtres abyssins. L'escorte se composait d'une vingtaine d'hommes armés par Achinoff de fusils Berdann.

Cette caravane d'avant-garde devait, en rapportant les réponses, ramener les chameaux nécessaires au transport du gros de la troupe de la côte juqu'en Abyssinie; elle se dirigea vers Obock, pour regagner de là Zeilah et le Harrar.

M. Lagarde gouverneur d'Obock n'en ignora pas le but et en facilita même le départ.

Le sultan de Tadjourah dès l'arrivée de l'*Amphitrite* avait voulu rendre à la mission russe les plus grands honneurs ; triomphalement, à la tête de ses soldats, il était venu à la rencontre du chef cosaque.

L'Ataman, en signe de profonde gratitude, réunit ses hommes et donna une fête au sultan ; tandis que ce dernier n'acceptait qu'une tasse de thé, le champagne coulait et c'étaient des toasts successifs à la mode des Cosaques.

La soirée fut employée au déchargement des bagages et le sultan offrit ses jardins pour l'installation provisoire : le voyage par mer avait duré près d'un mois.

Le lendemain, l'archimandrite Païsi en présence de tous les membres de la mission célèbra un solennel *moleben* pour remercier Dieu de la protection qu'il leur avait accordée jusqu'alors.

Le sultan tint à honorer de sa présence la cérémonie avec le cadi, un vieillard de 70 ans, mais dont la figure sous des cheveux blancs est rayonnante de bonté. Les nombreux noirs qui assistent au service chrétien manifestent un grand respect, quoique musulmans.

XXXIII

UNE VISITE DE LA CANONNIÈRE « METÉORE »

Le même jour, Achinoff était sur le bord de la mer à un kilomètre du campement ; il aperçut la canonnière française le *Météore* approchant de terre. Immédiatement, il envoya une escorte d'honneur à sa rencontre afin de recevoir les officiers *comme des amis*, ce qu'il chargea ses hommes d'exprimer au commandant.

Celui-ci attendit environ une demi-heure

avant de répondre à ces marques de cordiale sympathie, puis il envoya à terre les officiers du *Météore* qui connaissaient déjà Achinoff, l'ayant transporté avec sa femme, à leur dernier voyage d'Obock à Aden.

Ces messieurs viennent voir l'ataman en amis nullement en délégués officiels chargés de faire des remontrances.

Il faut que la distinction soit nettement établie et qu'il apparaisse bien à l'esprit du lecteur, que dans cette malheureuse affaire, en aucun cas, Achinoff n'a été préparé par un seul avertissement et que, si les officiers de notre marine ont eu pour mission de le prévenir du mécontentement du gouvernement français, ils ne l'ont jamais fait, craignant peut-être d'avoir à avouer que dans la balance des sentiments ministériels les sympathies pour l'Italie pesaient plus que l'amitié pour la loyale Russie.

Les officiers français manifestent pour la Russie des sentiments de franche amitié, et leurs verres se choquent en des toasts franco-russes.

XXXIV

LES DERNIERS INCIDENTS A PARIS

M. Floquet m'avait promis de saisir le Conseil des ministres des projets d'Achinoff et de ses intentions à l'égard de la France. Il paraissait très convaincu de l'utilité de cette expédition pour les intérêts français en Afrique, et devait même l'appuyer auprès de ses collègues.

Il se chargeait de pressentir M. le ministre de la Guerre, m'engageant à voir de mon côté M. le ministre du Commerce, alors M. Pierre Legrand.

Mes explications furent écoutées avec attention par le ministre du Commerce; il ne me fit aucune promesse ferme, mais considéra que la chose méritait d'être étudiée et il me demanda à lui adresser un rapport avec copie des documents que je détenais.

Quelques jours après cette audience j'étais informé du mauvais vouloir de MM. Goblet et Krantz et de la pression exercée sur eux; je pris le parti d'attendre avant de fournir à M. Pierre Legrand les renseignements précis qu'il m'avait demandés.

Je dois reconnaître du reste que ce dernier n'a pas, à ma connaissance, à être impliqué dans le dénouement; mais j'ai cru nécessaire cependant de mentionner cette entrevue pour bien faire ressortir le rôle de chacun.

Toutes choses établies est-il possible d'atténuer la responsabilité de M. Floquet? Ses amis ne peuvent admettre que l'ancien président du Conseil ait une réelle culpabilité dans la direction donnée aux événements; aujourd'hui encore, il a des défenseurs qui le prétendent sincère dans les promesses qu'il m'a faites et plaident une vague irresponsabilité dans le fait du bombardement.

Calcul ou faiblesse, M. Floquet souscrivit aux mesures dictées par son parent M. Mariani, inspiré lui-même par M. Crispi.

Il était incapable, dira-t-on, d'une aussi noire trahison. Comment expliquer alors qu'ayant été absolument renseigné sur les intentions droites et loyales d'Achinoff et de Païsi, il ait montré si peu de franchise à leur égard? Il a agi, disent ses amis, par défaut d'énergie et sans la moindre arrière-pensée... En vérité est-ce défendre à son gré celui qui s'est laissé longtemps appeler le Saint-Just de la troisième république de l'absoudre pour manque d'énergie.

Restent les ministres des Affaires étrangères et de la Marine qui ont été circonvenus par l'ambassadeur d'Allemagne et par l'ambassadeur d'Angleterre. M. de Bismarck a manœuvré avec son habileté ordinaire, et M. Crispi l'a secondé en faisant agir l'ambassadeur de France, M. Mariani, sur M. Floquet, son parent.

M. le comte d'Ormesson, faisant fonction de chargé d'affaires en Russie en l'absence de M. de Laboulaye avait, selon son devoir, communiqué au ministère des Affaires étrangères à quel titre semi-officiel s'effectuait cette expédition russe et il avait appuyé sur le caractère national de la mission ; il avait également informé M. Francis Charmes de l'explosion de sympathie qui avait salué les émigrants à leur départ d'Odessa. Mais M. Charmes *était trop occupé de ce qui se passsait à Londres pour entendre ce qu'on pensait à Pétersbourg.*

Vers la fin de janvier, ce haut fonctionnaire du quai d'Orsay, eut plusieurs conférences avec M. de Kotzebue conseiller d'ambassade de Russie.

M. Charmes se fait donner les détails les plus circonstanciés sur les antécédents d'Achinoff et apprend de la bouche de M. de Kotzebue combien l'ataman est mal vu de la diplomatie russe et en particulier de M. de Giers.

M. Goblet, très embarrassé pour entraver la mission russe selon les désirs de MM. de Munster et Mariani, consulte M. Charmes sur ce cas difficile; celui-ci lui conseille de demander à M. de Giers *par la voie diplomatique si la mission Achinoff est officielle.*

Le 7 février, le ministre des Affaires étrangères reçoit un télégramme où, naturellement, il est dit que le gouvernement russe est complètement étranger à l'expédition d'Achinoff et que ce dernier agit à ses risques et périls.

Ce communiqué est d'une duplicité absolue: mais il fallait vraiment s'y prêter pour être dupe soit en Russie soit en France. Le départ d'Odessa avec la pompe que l'on sait, au milieu de l'enthousiasme et du bruit, n'était ignoré de personne.

On ne saurait trop le répéter, la consécration au nom du Saint-Synode par le métropolite Isidore, avait donné à la mission un caractère semi-officiel. Les prières publiques avaient été faites solennellement; on ne pouvait toucher à cette mission sans blesser le peuple russe dans ses sentiments les plus profonds et les plus respectables.

Pour donner satisfaction aux influences allemandes de l'entourage de M. de Giers, pour complaire aux ennemis d'Achinoff qui étaient en même temps les ennemis de la

France, le gouvernement français n'hésita point à sacrifier la mission russe; des instructions furent envoyées au gouverneur d'Obock; en même temps, l'amiral Olry était chargé par l'amiral Krantz d'appuyer les sommations du gouverneur civil par la présence de deux ou trois navires de guerre. Nous allons voir comment les ordres furent exécutés.

XXXV

LE DRAME

Cependant, à Sagallo, on a trouvé un vieux fort abandonné par les Égyptiens et inoccupé par les Français. Le drapeau tricolore n'y flotte point. Tout au plus y découvre-t-on une hampe, laissée là par les Égyptiens. Encore les habitants assurent-ils qu'on n'a jamais vu flotter sur ce point les couleurs de la France.

Ce lieu d'atterrissage est trouvé de tous points avantageux, pourvu de sources qui jaillissent dès qu'on creuse à deux ou trois mètres de profondeur. On dresse les tentes sous une température de plus de 25 degrés. Tout en haut du fort, on établit l'église temporaire, surmontée de sa croix. A l'un des angles de cette toiture, on hisse, non seulement le drapeau commercial, que prétendent avoir vu des gens bien informés, mais un drapeau de mission religieuse, dont les trois couleurs bleu, blanc et rouge, sont séparées par les branches jaunes d'une croix de Saint-André; à l'autre angle se déploie le fanion de la croix de Genève. Sur ces côtes lointaines d'Afrique, quinze messes sont célébrées ou chantées chaque jour.

Les Cosaques attendent là, sans méfiance, ne redoutant aucune attaque. D'où pourrait-elle venir, puisqu'ils sont au mieux avec les autorités Françaises, qui les visitent. On a même tenu des conversations.

— Pourquoi venez-vous ici?

— Nous attendons l'arrivée d'une caravane destinée à nous transporter en Abyssinie, répond le P. Païsi. Nous sommes une mission religieuse russe.

— Achinoff veut-il occuper le territoire?

— Non, certes !

— Pouvons-nous hisser les couleurs françaises?

— Sans doute, mais elles peuvent n'être pas respectées par Mohamed-Leïta.

Le fort est un carré long de 70 mètres environ de côté ; ceint de murailles en pierre brute, il est entouré de fossés. Il est si voisin de la mer que le flot en vient, pour ainsi dire, battre le pied. Sans importance pour des blancs, il peut servir de défense contre les tribus indigènes.

A chacune de leurs visites au campement, les Français sont reçus amicalement. Ils y passent de longues heures et acceptent les rafraîchissements qu'on leur offre. D'ailleurs pourraient-ils s'étonner du long séjour de la mission sur ce point, puisqu'ils savent qu'on ne trouve que fort avant dans les terres les chameaux et les autres moyens de transport pour les voyageurs et les caravanes.

C'est en attendant ces chameaux que le personnel s'occupe à défaire les caisses et à en mettre le contenu en rouleaux destinés au chargement des bêtes.

On est à la fin du mois de janvier russe. Les Cosaques prêtent le serment à l'empereur de Russie.

Pieuse et touchante cérémonie que celle-là.

On célèbre la messe solennellement, et l'on arbore, pour la première fois, le drapeau nouvellement préparé pour l'Ataman, depuis son élection. Elle va, cette bannière, guider tous ces hommes de foi à travers les longs et difficiles chemins de l'Abyssinie.

Païsi et Achinoff enfoncent le premier clou qui fixe la flamme à la hampe. L'un après l'autre, les délégués des Cosaques ont, comme eux, planté le reste des clous ; puis, sous les plis de l'étendard, toute la petite troupe a juré de mourir ou de vaincre pour la foi, la patrie et le Tsar.

Hélas ! Il ne fournira point la carrière espérée, le pauvre lambeau. Dans huit jours, il aura reçu le baptême du feu; dans huit jours, des obus Français, des boulets d'un peuple chrétien et ami auront, sous les yeux des infidèles, sur la terre de l'Islam, rasé la croix du faîte et rompu par le milieu la hampe du drapeau.

Le 5/17 février 1889, qui est un dimanche, l'église improvisée de la mission se pare pour la célébration habituelle du saint sacrifice.

A midi, on dîne. Un cosaque placé en faction vient annoncer qu'on aperçoit, en mer, à l'horizon, quelques silhouettes de navires. A l'aide d'une jumelle marine on interroge l'océan, et l'on découvre trois bateaux que sépare encore de terre une distance qu'ils mettront une heure ou une heure et demie à franchir.

L'Archimandrite est inquiet.

— J'ai peur, dit-il, que ce ne soient des Anglais ou des Italiens qui ont appris notre embarquement pour l'Abyssinie.

Mais Achinoff le rassure. Ce pourrait bien être, au contraire, des vaisseaux russes. N'attendent-ils point, en effet, avant leur départ, une visite promise par leurs compatriotes?

Une demi-heure plus tard, les craintes ont disparu. Ce ne sont ni des Anglais ni des Italiens. Les couleurs de la France brillent à la corne des vaisseaux. Alors chacun, plein de confiance, va se reposer après le repas.

Cependant les trois navires ont mouillé à cent mètres de distance. Une chaloupe se détache de l'un d'eux et s'avance vers la terre, où l'attend Achinoff, qui se promène sans appréhension sur la plage.

Un messager noir descend de l'embarcation. Il s'approche de l'ataman et lui remet un pli cacheté. Celui-ci, qui ne connaît pas assez la langue française pour la lire, fait comprendre, du mieux qu'il peut, au messager qu'il prendra connaissance de la lettre dès que sa femme, très fatiguée à la fois par son état de grossesse et par le séjour, aura cessé de se reposer. Il charge, en outre, l'envoyé de ses compliments pour le gouverneur d'Obock et pour le commandant du vaisseau, en y joignant une invitation à prendre des rafraîchissements dans le campement des Cosaques.

Puis il revient au fort et y donne l'ordre de tuer un mouton et de préparer un chachlik, du thé et diverses boissons de circonstance.

Hélas ! A ces apprêts de fête et d'amitié, de tout autres préparatifs vont répondre.

Cependant Mme Achinoff s'est réveillée. On lui remet la lettre. Seule, en effet, de toute la mission, elle connaît bien la langue française.

On s'assemble pour en commencer la lecture. Et Sophia Ivanowna traduit ligne à ligne la missive impérieuse. Aux premiers mots, on se trouble. Qu'est-ce que ces termes signifient? Il y est question d'armes que l'on doit remettre aux mains des autorités françaises.

— Quelles armes! s'écrie l'ataman. Nous n'avons point d'armes !

Soudain, un bruit éclate. C'est la voix du canon. Le chef ne s'en émeut point.

— Voici le salut, dit-il, qui nous annonce

la visite du commandant et du gouverneur d'Obock.

Et il ordonne de répondre à ce salut en inclinant trois fois le drapeau des missionnaires, ainsi qu'aux précédentes visites des officiers et fonctionnaires français.

On poursuit la lecture, et l'émoi va croissant.

Vooû, vooû! Deux nouveaux sifflements, deux nouvelles détonations.

Mais alors, des cris éclatent, des plaintes désespérées s'élèvent. Un Cosaque accourt, bouleversé :

— On tue les femmes! On tue les enfants!

Et c'est vrai. L'œuvre de sang s'accomplit. Une lettre en langue française, à des Russes, pour toute sommation, et tout aussitôt, le canon. On verra plus loin que M. le commandant Véron avait, de son autorité privée, prolongé d'une heure le délai d'exécution de la sommation que M. Lagarde, Gouverneur d'Obock, tenu jusque-là pour *un ami* par les Cosaques avait fait d'une *demi-heure !!!*

Et ce n'est point un ou deux coups de canon isolés ! Pas même des boulets pleins. Contre ce Russe, contre cet « aventurier » qui aime la France, mais que l'Italie et l'Angleterre redoutent, la France déploie toutes les ressources de la balistique contemporaine. On tire à *obus*.

Vooû ! Achinoff a saisi sa chachka et son revolver. Il ne comprend pas ce qui se passe, et, dans le premier mouvement, crie aux Cosaques de prendre les armes. Un jeune Cosaque tombe sous ses yeux. Il fait : « Ah ! » et meurt. C'est le quatrième coup de canon.

Celui-ci a visé la chambre de l'ataman dans le fort, car des déserteurs ont indiqué le logement d'Achinoff et de Païsi.

— Aux poudres ! Sauvez les poudres ! — ordonne le chef qui redoute un plus grand malheur. Des volontaires accomplissent ce redoutable sauvetage. En même temps, le prêtre Antonini et le diacre Ivenari, Cosaque du Don, s'appliquent à mettre en lieu sûr les objets sacrés du culte. Le diacre surtout, un grand et beau jeune homme, montre un grand courage.

Païsi court au bord de la mer et bénit les Cosaques, qu'il essaie de rassurer : « Ne craignez pas ! Ce n'est rien ! » Achinoff leur enjoint de s'abriter derrière l'escarpement des fossés. — Exaspérés, les pauvres gens veulent répondre au feu des bateaux.

Mme Achinoff s'est mise à déchirer du linge pour les blessés. Un obus atteint l'église, un autre la pharmacie, où il éclate et brise deux bombonnes d'esprit-de-vin ce qui provoque l'incendie. En un instant, charpie, linge, matelas, couvertures, tout est dévoré par les flammes.

Et le bombardement continue. Un nouvel obus tombe dans le local assigné aux familles. Le plafond s'écroule, ensevelissant deux femmes mariées. Les autres cherchent à gagner les bois ; le canon les y poursuit. Une des fugitives est atteinte au flanc. Elle meurt le lendemain à Obock, laissant deux petits enfants de trois à cinq ans.

Encore un obus, et, cette fois un tout petit enfant dans les bras de sa mère, est tué avec elle. La cervelle jaillit sur les pieds et les mains. Encore un obus, et un jeune Cosaque tombe, blessé à mort. Les prêtres ont le temps de lui donner la communion.

Qui donc, dans cet affolement, songerait à amener le pavillon de la mission, ce fatal « drapeau du Commerce » qui est l'emblème séditieux visé par les canons de la France !

Et, pourtant, Achinoff arrache sa tunique blanche et ordonne à un Cosaque de l'agiter pour faire des signaux.

Le docteur Dobrolowski s'efforce en vain, sous le feu, de porter secours aux blessés. Que peut-il, hélas! Tout lui manque. La pharmacie n'existe plus.

Le feu cesse enfin. Du navire on a aperçu les signaux.

En attendant, les Cosaques ont transporté les blessés et les morts sur la plage, devant le fort.

La chaloupe du *Primauguet* accoste, et un officier en descend.

L'Archimandrite Païsi et Mme Achinoff courent à lui.

— Qu'avez-vous fait? — s'écrie le prêtre. Voilà votre œuvre.

Et il montre les cadavres, ceux des femmes, ceux des petits enfants mutilés, les membres arrachés, les crânes broyés par les éclats d'obus. Il montre ce groupe effroyable de l'enfant et de la mère tués du même coup.

Nos marins sont des héros et l'ont prouvé. Mais, devant ce produit de la diplomatie Européenne, l'officier cache ses larmes, se détourne et s'enfuit.

Au bout d'une demi-heure, un second canot approche. Ceux qui le montent invitent l'Archimandrite et Mme Achinoff à venir à bord.

A bord, Païsi va droit au Gouverneur d'Obock.

— La Russie est-elle en guerre avec la France?

— Non, — répond M. Lagarde. — Mais le ministère Russe vous désavoue et vous a laissé fusiller. Nous ne croyions pas qu'il pût y avoir des victimes, nous ne voulions que vous effrayer.

— Pourquoi donc a-t-on employé des obus au lieu de boulets pleins ?

Et, emporté par son élan, l'Archimandrite continue :

— Le Gouvernement ne peut pas me désavouer. J'ai été envoyé par le Saint-Synode dont je relève. Pourquoi les Français venus chez nous comme des amis ne nous ont-ils prévenus de rien ? Vous savez bien que si nous sommes demeurés ici, c'est pour y attendre la formation des caravanes. En ce moment même, tout à l'heure, l'Ataman vous préparait une réception d'hôtes et d'amis. Et vous êtes venus avec des canons, vous nous avez bombardés, tuant des femmes et des enfants ! Vous n'êtes donc pas des chrétiens !

Cette parole revient sans cesse sur les lèvres de Païsi. « Vous n'êtes pas des chrétiens ! » En vérité, qu'est-ce que le christianisme a à voir dans les combinaisons secrètes de

M. Goblet ou de M. Floquet avec M. Crispi.

Il parle comme il peut, le pauvre prêtre, avec des gestes et des mots entrecoupés.

Le Gouverneur paraît ému. Parbleu ! Le fait d'armes qu'il vient d'imposer à nos marins n'est pas fait pour le glorifier et il est certain que ceux-ci rougissent de leur rôle en cette triste affaire. Le commandant du *Primauguet*, lui, a les larmes aux yeux.

Alors l'Archimandrite demande que l'on recueille les blessés.

On frémit à la réponse.

« Rien ne peut être décidé à cet égard. Il faut en référer à l'Amiral, lequel est à Obock. *C'est son affaire.* »

Puisqu'on avait là, sous la main, un amiral français, c'est-à-dire un honnête homme, un loyal marin, esclave de la consigne, rien n'était plus simple que de lui faire endosser cette responsabilité-là, comme les autres.

En vain Païsi insiste-t-il? Les blessés vont rester sans soins, sans pansements urgents. Tout est inutile, et l'Archimandrite, accompagné de la femme de l'Ataman, rentre au camp de Sagallo.

Qui décrira les horreurs de cette nuit. D'une part les gémissements et les cris des blessés, de l'autre, en mer, trois vaisseaux de France, c'est-à-dire de la nation généreuse par excellence après la... victoire, envers les vaincus. Et, ici, les vaincus sont des Russes, des amis, les enfants du seul peuple, en Europe, qui ait souffert avec nous des désastres de l'année maudite. Pas une ressource. L'eau salée et chaude pour rafraîchir ces gosiers de mourants. Quant au linge et à la charpie, les obus les ont détruits. On dirait que le diable les aide! — pleure Païsi, au désespoir.

Achinoff parcourt ce camp funèbre. Il le fait entourer, il organise les patrouilles, malgré les intentions des Cosaques résolus à fuir dans les montagnes.

L'Archimandrite, à bord, a demandé qu'on lui permît d'envoyer en Russie, par la voie d'Aden, une dépêche de protestation. Le gouvernement français, incarné en M. Lagarde, a refusé.

Cependant, les Noirs de la région se sont émus. Cinq cents d'entre eux, sous les ordres d'un neveu de Mohamed-Leïta, viennent offrir à Achinoff d'aider ses hommes à gagner la montagne et à combattre les Français. L'« aventurier » que MM. Spuller et Goblet doivent flétrir devant la Chambre, dans la séance du 28 février, repousse ces offres, fait taire son ressentiment. Malgré tout, il ne peut croire que la France ait consenti à une abomination. Naïveté qui émeut au delà de toute expression. L'Ataman veut tout arranger avec les autorités d'Obock.

Et la nuit passe lentement. Des Cosaques préparent les cercueils de leurs morts. Sur la mer, il n'y a plus que le *Primauguet* surveillant la côte. Les deux autres bâtiments ont rallié Obock.

Le lendemain, 6/18 février, — l'amiral Olry est lui-même à Obock avec le *Seignelay*, le *Météore*, le *Pingouin*, soit mille hommes et cent pièces de canon. — Luxe de forces bien étrange en face de deux cents cosaques inoffensifs ou plutôt amis, la veille au matin, humiliés et massacrés la veille au soir.

Que se passa-t-il alors? — L'amiral Olry est mort depuis ces événements, et son témoignage eut pu seul éclairer les ténèbres de cette odieuse affaire. — Pour nous, qui ne savons que les faits nous les transcrivons d'heure en heure.

Les Français sont devenus plus exigeants. Le Gouverneur, — et Dieu sait que ce n'est pas nous qui créons à plaisir sa part de responsabilité! — déclare, très cavalièrement que, s'il y a eu des morts, dame! il le regrette, mais qu'il n'en peut mais. Il propose de recueillir les blessés à bord, mais sous diverses conditions, — ce qui arrache à Païsi exaspéré ce cri bien naturel.

— Quelles conditions? Êtes-vous chrétiens? Êtes-vous amis de la Russie? En ce cas, prenez nos blessés sans conditions.

— Nous vous garantissons la conservation scrupuleuse de vos effets et de vos bagages, nous aiderons la mission à se rendre en Abyssinie. Mais, nous la transporterons à Djibouti, de l'autre côté du territoire des Somâlis. Acceptez donc cet arrangement, et embarquez de bonne grâce sur nos vaisseaux.

Est-ce donc la fin de cet atroce imbroglio?

Pas encore.

Au dernier moment, la discussion s'aggrave. On veut garder l'Archimandrite et Mme Achinoff comme ôtages. Le prêtre se révolte.

— Mais quelle idée avez-vous donc de nous, ou bien êtes-vous des sauvages?

Dans quel pays, sous quel régime garde-t-on prisonnier des parlementaires?

Aussi bien, si on les retient, Achinoff ne consentira à rien et se réfugiera dans la montagne.

Ici le dialogue devient tel, que la plume tremble en le résumant.

Le gouverneur déclare :

— Qu'il accorde une demi-heure pour accepter ses conditions. Sinon, il *recommencer* le bombardement.

Païsi rentre à Sagallo, porteur des offres de transport à Djibouti. Il trouve les Cosaques indigènes suppliant l'ataman de les conduire dans la montagne ou d'attendre les Français sur place pour leur livrer bataille. Ils veulent garotter l'Archimandrite pour l'emmener avec eux; cependant il parvient à les calmer par ces mots :

— Et nos blessés? Nous ne pouvons les emporter. Si nous les laissons, on les fusillera.

. . . .

Impossible de continuer, le récit est trop douloureux.

Les Cosaques ont accepté les conditions. L'embarquement des hommes et des bagages a lieu. A onze heures du matin le vaisseau lève l'ancre. Mais au lieu de se diriger vers Djibouti, malgré la parole donnée, les trois navires gagnent Obock.

Il faut encore passer rapidement sur un fait attristant, la menace d'exécution par les armes, avec commencement d'exécution, faite contre le docteur Dobrolowski.

A Obock, on débarque les prisonniers. On

interne Achinoff, sa femme et le père Païsi à l'hôpital avec les blessés. Cette première journée est cruelle pour les internés russes. *Comme on ignore quel est le service qui doit les nourrir*, ils passent la journée sans manger. Quant aux morts, on s'empresse de les inhumer sans service religieux. Pas une croix ne marque leurs tombes.

Cependant, le médecin visite les blessés. Il faut couper le bras à un jeune Cosaque dont la main est gangrénée. Malgré les soins et le zèle des médecins, on ne peut sauver une femme blessée.

. . . .

Le reste de ce récit n'est plus qu'un long martyrologe. Ajournements, défaites, mensonges, tout s'est accumulé en cette affaire, où les hommes *politiques* de France ont si heureusement servi les intérêts et les habiletés de l'Angleterre et de l'Italie.

XXXVI

LES COULOIRS DU PALAIS BOURBON

L'émotion avait été grande en France à la nouvelle du bombardement exécuté par l'amiral Olry sur les ordres venus de Paris. Dans tous les cercles politiques sans exception, on blâmait la précipitation de ces mesures de force.

Le bombardement des Russes datait du 17 février, et l'opinion attendait une excuse valable ; une première semaine se passa ; rien ne vint expliquer les violences de cet acte du gouvernement.

Aussi vers le milieu de la semaine suivante, plusieurs députés républicains résolurent-ils de monter à la tribune, afin d'obtenir au moins une explication.

Le jeudi 28 février, on apprit que M. le ministre des Affaires étrangères, M. Spuller, acceptait une question sur l'affaire de Sagallo; par la suite, cette question fut transformée en interpellation pour permettre à M. Goblet de prendre la parole sur cet incident.

Les couloirs de la Chambre étaient houleux; les gouvernementaux craignaient à juste titre de voir les membres de l'opposition faire de l'incident une arme contre le ministère, les boulangistes désireux de faire du bruit se concertaient avec la droite.

D'un côté se tient un conciliabule entre MM. Hubbard, Gerville-Réache, Périllier, Boissy-d'Anglas, Wickersheimer, Horteur, républicains, d'esprit indépendant et énergiques; de l'autre, MM. Le Hérissé et Laguerre parlent avec animation au milieu d'un groupe d'opposants.

— Vous verrez, dit M. Horteur, en désignant ces derniers, que la politique intérieure va gâter l'affaire et rendre impossible notre intervention.

En effet, l'attitude ardente des adversaires du gouvernement empêcha la liberté du débat, et éloigna de la tribune des amis dévoués de la Russie.

— Ne pourrait-on pas, disait M. Wickersheimer, ajourner la discussion jusqu'à l'arrivée du rapport de l'amiral Olry? Nous jugerions alors sur des faits et non sur des discours.

Mais cette proposition était trop sensée pour être prise en considération ; elle n'avait aucune chance d'être adoptée; elle ne faisait pas l'affaire de la minorité dont elle ajournait l'occasion de faire échec au gouvernement, de plus elle ne pouvait plaire à M. Goblet sur qui tombait la responsabilité première de l'incident et qui avait hâte de tirer son épingle du jeu. L'ancien ministre, voyait l'occasion bonne et comptait profiter des dispositions de l'Assemblée pour se faire accorder un satisfecit.

M. Spuller, et M. Goblet, que pensaient-ils avant le débat?

Le premier, après avoir autant que possible cherché à deviner ce qui se disait de droite et de gauche, après s'être heurté aux cercles antipathiques ou non, était allé s'asseoir à l'écart sur un banc de la salle des Pas-Perdus. Sans aucun document, ce grand ministre ruminait son discours.

M. Goblet au contraire ne pouvait tenir en place, il courait partout, se mêlant aux conversations et plaidant sa cause avant même d'être attaqué.

Dans un groupe, il trouva un interlocuteur de bonne volonté qui eut avec lui une conversation assez intéressante pour être rapportée ici : elle fournira peut-être certaines contradictions avec ses discours à la tribune. Mais je ne suis qu'un narrateur fidèle ; ayant les preuves en mains, je livre les faits : aux intéressés à se disculper.

« M. X... — Quel besoin aviez-vous de bombarder Sagallo pour faire partir Achinoff qui n'y était pas venu pour y rester ?

« M. Goblet. — Achinoff s'était installé sur un territoire appartenant à la France et y avait arboré un drapeau étranger : c'est ce que nous ne pouvions tolérer.

« M. X... — Êtes-vous sûr que ce fût un drapeau russe et non un drapeau de mission religieuse ? »

M. Goblet n'ayant aucune donnée certaine à cet égard paraît embarrassé et ne répond rien.

« M. X... — En tous cas, vous ne pouvez ignorer quelle sympathie l'expédition d'Achinoff excitait en Russie, et précisément dans la partie de la société russe qui nous est le plus favorable.

« M. Goblet. — Le meilleur moyen d'obtenir l'alliance d'une nation est de montrer de la dignité et non de s'effacer en quelque sorte devant elle.

« M. X... — Vous avez absolument raison sur ce point et je ne conseillerais jamais à un ministre français d'abdiquer une parcelle de la dignité de la France. Mais là n'est pas la question! Il n'y avait pas péril en la demeure; Achinoff pouvait nous être utile et il eût été sage de montrer quelque tolérance envers lui. On ne traite pas en ennemi un ami qui abuse quelque peu de l'hospitalité qu'on lui donne.

On se contente de le rappeler à la discrétion, et, s'il continue d'abuser, on a le temps de prendre d'autres moyens.

« Ce n'était pas le cas ici de faire étalage de force contre quelqu'un qui n'est pas notre ennemi et qui était faible devant nous. »

M. Goblet ne répondit rien, mais ne nia point la logique de ce raisonnement.

« M. X... Vous ne pouvez ignorer l'importance qu'attache la société Russe à l'œuvre d'Achinoff (et cela seul suffit à faire comprendre qu'il est autre chose que ce qu'on a entrevu); si vous ne le savez pas, vous avez mille moyens d'informations à votre disposition.

— M. Goblet (*avec impatience*). Moi, je n'ai l'habitude de traiter qu'avec les cabinets et M. de Giers m'avait fait donner l'assurance qu'Achinoff n'agissait pas d'après les instructions du gouvernement.

— M. X... Vous détournez la question; nous connaissons l'un et l'autre les dessous de l'affaire, et ces dessous que vous connaissez ne devaient pas être sans influence sur vos actes.

« Du reste, si le Ministère des Affaires étrangères ne s'occupe que de correspondre avec les cabinets, on peut supprimer les ambassadeurs et faire cette économie au budget. Vous savez de plus que M. de Giers ne nous est pas favorable. »

Cette conversation se tenait au milieu des réflexions croisées de plusieurs autres députés qui s'étaient approchés vers la fin, et M. Goblet n'eut rien à répondre à cette dernière phrase de M. X., pas plus qu'il ne répondit à cette question d'un autre député :

Auriez-vous bombardé des Allemands venant dans les conditions d'Achinoff?

« *Auriez-vous au contraire employé d'autres moyens?* »

En résumé, M. Goblet donnait les causes du bombardement; il semblait donc s'en reconnaître implicitement l'auteur.

Il n'était pas bien sûr de la couleur du drapeau arboré par Achinoff, il feignait d'ignorer les sympathies de la société Russe pour cette mission et tout en parlant de la dignité à observer, il reconnaissait avoir voulu être agréable devant M. de Giers; de plus il avouait par son silence qu'il avait fait à des Russes amis, ce qu'il n'aurait osé faire à des Allemands ennemis.

XXXVII

UNE SÉANCE A LA CHAMBRE DES DÉPUTÉS

Arrivons à cette séance elle-même, cette séance à laquelle M. Goblet, dans une récente lettre à la *France*, se réfère pour se disculper.

Nous la résumons succinctement :

M. *Hubbard* ouvre le feu contre le Ministre des Affaires étrangères. Il ne pose qu'une question. « Cette question a pour but, dit l'orateur, de faire connaître au pays si le bombardement de Sagallo a été décidé à la suite d'une entente avec la Russie, car, ajoute-t-il :

seuls, *les ennemis de la France,* intéressés à troubler ses relations d'amitié peuvent grossir et transformer les faits afin d'en tirer un parti criminel au profit de leurs visées particulières ». Nous insistons sur ces mots : « les ennemis de la France, » car nous allons les expliquer, nous, dans un sens diamétralement opposé à celui que voulait leur donner M. Hubbard.

Le malheur des temps a voulu que cette « question » au sujet d'Achinoff surgit au moment de l'effervescence boulangiste. Elle subit le contre-coup des passions que déchaînait le boulangisme.

Appelé à la tribune, M. Spuller, récemment ministre et successeur de M. Goblet, fournit les explications suivantes :

1° Achinoff est un personnage en Russie, mais un aventurier cependant.

2° Il a agi « pour son propre compte ».

3° Le gouvernement français distingue entre les religieux russes de la mission et Achinoff lui-même.

4° Non seulement Achinoff a emmené des religieux, mais encore il a entraîné toute une troupe de 145 personnes.

5° Il a voulu se faire « *importateur d'armes* » en Abyssinie.

Retenons bien ce point de la discussion; c'est l'aveu. Achinoff a voulu se faire importateur d'armes en Abyssinie.

Ici M. de Cassagnac et M. Wickersheimer opposent aux théories de dignité de M. Spuller des faits et des raisons.

Le gouvernement, si fier devant Achinoff, a laissé les anglais occuper l'île de Tubuaï.

M. Spuller, qui a revendiqué dès le début de son speech une solidarité complète avec le ministre précédent, prononce une péroraison patriotique et se retire. C'est alors que M. Le

Hérissé demande que la question soit transformée en interpellation.

M. Goblet mis en demeure par M. Floquet en personne monte à la tribune — le ministre son successeur ayant accepté la discussion immédiate de l'interpellation — et cette discussion s'ouvre par un discours de M. Delafosse déclarant que les explications du ministre ne lui ont pas paru satisfaisantes.

Ce discours précise les faits de Sagallo et conclut par un ordre du jour de regrets.

Alors paraît M. Goblet. Il commence par déclarer que dans « cette très regrettable affaire de Sagallo... il nous a été impossible de reculer ».

M. Wickersheimer, demanda la parole. Mais il ne put attaquer à fond la question devenue, au cours des débats, une arme de politique intérieure.

Voici maintenant l'exorde de M. Goblet :

Nous avons su qu'une expédition se préparait, à la fois religieuse et militaire, à la tête de laquelle se trouvait le Cosaque Achinoff, qui avait le projet de se rendre en Abyssinie et *pouvait par conséquent* exercer dans ce pays *une influence nuisible à nos relations avec des nations voisines.* Il ne nous était pas possible de laisser cette expédition PASSER en armes sur notre territoire. »

Et maintenant, qu'on lise avec attention :

« NOUS AVONS, EN EFFET, DES CONVENTIONS PAR LESQUELLES NOUS NOUS SOMMES INTERDIT EXPRESSÉMENT LE TRANSIT DES ARMES. » Aussi dès le premier moment, avertis que cette expédition était en route pour Suez, nous avons prévenu nos consuls et informé le Gouverneur d'Obock qu'il devait s'opposer au besoin par la force au débarquement de cette troupe si elle était armée; que si cette troupe voulait simplement traverser notre territoire avec les armes nécessaires à sa sécurité personnelle, elle avait toute la liberté de le faire; mais si elle avait la prétention de faire le commerce des armes en pays étranger, nous ne pouvions pas la laisser passer. »

Tout d'abord dans le discours de M. Spuller on relève ce détail que le gouvernement français distingue entre Achinoff et les religieux qui l'accompagnaient. M. Spuller ne songeait point à ceci que les boulets du *Primauguet* n'avaient fait, eux, aucune distinction. Mais, venons au cœur de la question. « *Importation d'armes* », a dit M. Spuller! « des conventions par lesquelles nous nous sommes interdits expressément le transit des armes » a dit M. Goblet. Voilà le point de fait qui par une singulière coïncidence est ici le point de droit.

Ces « conventions-là! quelles sont-elles? » Avec qui ont-elles été passées? Quand ont-elles été signées? ces « nations voisines » de la France, à Obock, le sont-elles aussi en Europe?

L'une ne l'est-elle pas de l'autre côté des Alpes, l'autre par delà la Manche.

— Et l'Abyssinie qui de tout temps nous est amie est-elle par notre fait bloquée du côté de la mer?

Est-ce comme corollaire de la main-mise par l'Angleterre sur l'Égypte de la prise de Massaouah par l'Italie que ces conventions sont intervenues?

— Non seulement nous sommes volés, mais nous sommes contraints de nous faire les gendarmes du bien qu'on nous a volé!

Et contre qui?

Contre les Russes NOS ALLIÉS ET NOS AMIS.

Il n'y a eu personne à la Chambre le 28 février 1889 pour adresser cette question-là au ministre passé ou présent des Affaires étrangères.

Nous la posons, nous, puisque MM. Goblet et Spuller ont pu faire fièrement leur incroyable déclaration :

Mais ce n'est pas tout ! Comment, à cette date, vous aviez des conventions qui vous obligeaient « à canonner Achinoff », et à cette même date, vous avez agréé des offres de ce même Achinoff pour achat d'armes, et, cela va sans dire, l'importation de ces mêmes armes en Abyssinie ?

Ne deviez-vous pas trouver plus humain et plus honnête de prévenir que vous ne pouviez, en aucune façon, donner suite aux propositions qui vous ont été transmises.

Vous n'auriez pas condamné nos héroïques marins à tuer par votre ordre des femmes et des enfants à coups d'obus.

XXXVIII

LES CONVENTIONS

L'ordre du jour adopté à l'unanimité est ainsi conçu :

La Chambre, s'associant aux sentiments de sympathie pour la Russie, exprimés par le Gouvernement, passe à l'ordre du jour.

Il était dû à l'initiative de M. Gerville-Réache, ce qui n'empêchera pas M. Goblet de s'en attribuer la paternité en toutes occasions, *électorales ou autres.*

Ce vote avait détourné la question et permis de donner à l'idée franco-russe une satisfaction platonique; on s'était contenté de jeter la mission Païsi-Achinoff par-dessus bord.

Mais, ces conventions, à l'abri desquelles le ministre s'était dérobé, quelles étaient-elles ?

M. Goblet s'est bien gardé d'en définir les termes.

L'historique de ces conventions inconnues, on me l'a fait en haut lieu, je le reproduis sans pouvoir citer la source où je l'ai puisé :

A la demande de M. Waddington, le ministère des Affaires étrangères aurait passé avec l'Angleterre une convention par laquelle la France et l'Angleterre s'interdisaient le commerce des armes avec l'Abyssinie. L'Italie n'intervenait pas dans la convention ; mais les conséquences en furent déplorables pour le commerce et l'influence de la France : auparavant, les Anglais ne fournissaient pas de fusils au Négus qui aurait refusé d'en recevoir de leurs mains, et tout le commerce des armes était fait par des maisons de commerce françaises.

Ce traité donna donc à l'Italie le monopole de ce commerce en Abyssinie.

Un exemple au hasard : M. Savouré, négociant français expédie *à destination d'Obock,* un navire chargé de fusils Remington (ceci se passe avant la notification de la convention du commerce français).

Le vaisseau de M. Savouré est arrêté dans la mer Rouge par un bateau de guerre italien qui, malgré les protestations du commerçant, émet la prétention de procéder à la visite du vaisseau français.

M. Savouré prend le drapeau national et l'étend sur la passerelle, espérant que les officiers italiens n'oseront pas fouler aux pieds le drapeau de la France.

Les Italiens n'hésitèrent pas à marcher sur

notre drapeau national et procédèrent à la visite du navire ; puis ils le convoyèrent jusqu'à Obock où le gouverneur mit l'embargo sur la cargaison.

Voilà les inconvénients de ces conventions : Où sont les avantages ?

XXXIX

LES RESPONSABILITÉS DU BOMBARDEMENT

Dans la séance du 28 février, on a vu qu'à cause des dissensions de politique intérieure, les partisans les plus avérés de l'Alliance russe s'étaient abstenus ; on a même pu constater l'absence de beaucoup d'entre eux.

Il y avait eu cependant des fautes graves commises dans la direction de cette affaire : non seulement des brutalités sanguinaires que l'on pouvait éviter, mais aussi le manque absolu de franchise et de loyauté.

Et M. Floquet n'a même pas été mis en cause dans le cours de la discussion ! Certaines personnes lui attribuent cependant une part de culpabilité supérieure à celle de M. Goblet et égale à celle de l'amiral Krantz.

La Russie se chargeait d'envoyer une frégate et de faire porter par un officier russe à Achinoff l'ordre de l'empereur devant lequel il s'inclinerait immédiatement.

M. Goblet, comme ministre des Affaires étrangères, n'avait à donner d'ordres directs ni à M. Lagarde, Gouverneur d'Obock, dépendant des colonies, ni à l'amiral Olry dépendant de la marine.

Il demanda à son collègue l'amiral Krantz de FAIRE SURVEILLER ACHINOFF et de lui faire entendre de se porter en avant : enfin on devait temporiser jusqu'à l'arrivée de la frégate russe.

En même temps, M. Goblet télégraphia à

M. Mariani, ambassadeur de France en Italie, d'avoir à prévenir M. Crispi que le gouvernement italien se tranquillisât, qu'Achinoff serait rapatrié par le gouvernement russe.

M. Crispi prit le temps de consulter M. de Bismarck et fit à notre ambassadeur cette singulière réponse :

« Dans ces conditions, l'Italie n'aurait de reconnaissance qu'envers la Russie ; si au contraire la France prenait les devants et opérait elle-même, elle amènerait une détente dans les rapports entre les deux pays.

Le secret désir de M. de Bismarck était de nous brouiller avec la Russie par un acte de barbarie, ou de nous brouiller avec l'Italie si nous attendions l'intervention de la Russie.

M. Mariani envoya la dépêche que nous venons de citer en double à M. Goblet son ministre, et à M. Floquet, président du conseil, son parent. M. Floquet, saisi du vif désir de complaire à l'Italie, et à M. Mariani, alla trouver le soir même l'amiral Krantz, sans même consulter M. Goblet ; il demanda au ministre de la Marine s'il ne pouvait pas agir directement et assez tôt, pour prévenir l'arrivée des officiers russes.

Le méthodiste M. Krantz adhéra sans hésitation au plan de M. Floquet, et envoya à l'amiral Olry une dépêche contenant les instructions les plus formelles, les ordres les plus rigoureux.

M. Goblet n'aurait été informé de cette combinaison de MM. Floquet et Krantz que le lendemain, en Conseil des ministres.

Il serait entré dans une fureur bien légitime et que l'on se représente aisément. Ce serait alors qu'il aurait fait expédier ce télégramme de contr'ordre, qui a été réellement envoyé et qui est arrivé une heure trop tard.

Je n'ai pas besoin de dire que je viens de reproduire une version qui circule au ministère des Affaires étrangères; mais, si elle est vraie, pourquoi le 28 février 1889 M. Goblet tentait-il d'excuser l'ordre de bombardement?

J'ai voulu avoir aussi l'opinion de la *Marine* voici ce qui m'a été répondu par une personne très renseignée.

« Je ne sais pas du tout si le plus responsable est M. Floquet ou M. Goblet; en tous cas quel qu'il soit, celui de ces deux ministres qui s'est adressé à l'amiral Krantz a trouvé en lui un auxiliaire entièrement résolu; en différentes circonstances qui ne sont point connues, M. Krantz a fait preuve de sentiments absolument hostiles à la Russie; plusieurs fois il a eu un parti pris qui dépasse tout ce qu'on peut imaginer, et il y a des faits dont il s'est rendu coupable qui ne laissent pas l'ombre d'un doute sur ses sentiments anti-russes.

« Enfin ce qui est certain, c'est que ses ordres étaient tels qu'il était de toute impossibilité à un marin de ne pas les exécuter avec la plus extrême rigueur.

« La seule chose qui m'étonne, c'est que les commandants des vaisseaux français ne se soient pas abouchés avec le navire russe qui, paraît-il, était de passage à Aden ; cette initiative aurait pu prévenir une si odieuse mesure. »

Il est évident qu'il y a plusieurs personnages que ce réveil d'une vilaine histoire gêne au plus haut point, mais n'est-il pas plus patriotique de dire la vérité au grand jour, afin que le peuple français ne soit pas tout entier solidaire des fautes criminelles de quelques-uns.

XL

LES RAPPORTS OFFICIELS

On a vu comment la discussion s'était prématurément engagée devant la Chambre, à la nouvelle des événements, sans qu'on eût en main de part et d'autres les pièces du procès à juger. Mais la politique des partis étant plus forte que la raison, la raison n'a le plus souvent rien à faire avec la politique. En vain, M. Wickersheimer avait émis dans les couloirs, avant la fameuse séance, cette opinion trop sensée pour être entendue : « Ajournons la discussion jusqu'à l'arrivée du rapport de l'amiral Olry. Nous jugerons alors sur des faits et non sur des discours. » On passa outre. Et le débat qui ne fut, ni ne pouvait être contradictoire, toutes pièces manquant, ne servit qu'à classer, une fois de plus, les préférences politiques des juges.

Ce débat, pièces en mains, il faut donc l'établir, le fixer une bonne fois. Le procès-verbal même des mandataires du gouvernement, les bulletins de victoire des prétendus justiciers et la justification bien humble, et combien éloquente pourtant ! des victimes, des coupables, si l'on veut, suffiront à éclairer victorieusement la conscience du lecteur.

Voici, d'abord, les instructions remises au capitaine de vaisseau commandant le *Primauguet*, par l'amiral Olry. Elles sont d'une précision si brutale, elles sentent déjà tellement la poudre, avant même toute entrée en pourparlers, que malgré les quelques circonlocutions et la phraséologie qui semblent vouloir en atténuer la portée, on devine qu'un malentendu va surgir et que si Achinoff, ignorant de la langue française, a le malheur de ne pas comprendre assez vite le semblant d'*ultimatum* qu'on lui porte, les canons ne lui laisseront pas le loisir d'en discuter avec les interprètes :

Obock, le 16 février 1889.

Mon cher commandant,

Vous allumerez demain matin les feux en temps utile, et vous appareillerez à cinq heures. M. le Gouverneur d'Obock prendra passage à votre bord.

Vous ferez route pour Sagallo, où M. le Gouverneur entrera en communication avec le cosaque Achinoff et le sommera de se soumettre aux injonctions du gouverneur.

Si Achinoff ne se rend pas à ces sommations, vous l'y contraindrez par la force.

Vous traiterez aussi humainement que possible les personnes inoffensives faisant partie de la troupe d'Achinoff, vous pourrez même, après entente avec le Gouverneur et sur leur demande, leur accorder passage et les conduire à Obock.

Le *Météore*, qui croise cette nuit près de la côte doit rallier au fort votre bâtiment et vous prêter son concours pour la durée de cette opération.

Signé : Olry.

Ce qu'on prévoyait si bien est arrivé : « Si Achinoff ne se rend pas à ces sommations, vous l'y contraindrez par la force », a dit l'amiral. On a vu plus haut comment Achinoff fut sommé et la façon si magistrale dont les canons du *Primauguet* le contraignirent à se soumettre. Le rapport du commandant du *Primauguet* ne laissera aucun doute à cet égard.

Sagallo, le 17 février 1889.

Amiral,

Conformément à vos instructions, j'ai quitté Obock à huit heures ce matin, me rendant à Sagallo et ayant à bord le Gouverneur d'Obock, qui devait entrer en communication avec le cosaque Achinoff et le sommer d'amener le pavillon russe.

L'arrivée à Sagallo fut retardée par la nécessité d'attendre un boutre remorqué par le *Pingouin* et qui portait l'interprète indigène que le Gouverneur avait choisi comme messager pour remettre à Achinoff la sommation écrite portant trois conditions :

1° Faire disparaître le pavillon russe ;

2° Évacuer le fort;

3° Déposer à un endroit désigné, près du fort, les armes non nécessaires à la sécurité du parti.

A 1 heure 10, le boutre porteur de l'interprète, avec la sommation, a quitté le *Primauguet.*

A 1 h. 43, l'interprète débarquait, remettait la sommation et se rembarquait à 2 h. 07 sur le boutre, qui prenait le large.

En comptant de 2 h. 07 la remise de la sommation, le délai d'une demi-heure accordé à Achinoff pour se soumettre allait jusqu'à 2 h. 37.

A partir de cette heure, le pavillon russe n'étant pas amené, et la première condition n'étant pas remplie, il ne me restait plus qu'à contraindre par la force suivant vos instructions, Achinoff à se soumettre.

De ma propre initiative, j'ai porté le délai de trente minutes fixé par le Gouverneur jusqu'à 3 h. 19′, soit à une durée de une heure douze minutes.

Le délai écoulé depuis la remise de la sommation

(une heure douze minutes) *devait avoir permis à Achinoff l'évacuation du fort par son monde.*

Je voyais aux alentours du fort quelques personnes dont plusieurs avaient des fusils.

A 3 heures 19, comme dernier avertissement, bien significatif, un coup de canon à boulet, tiré intentionnellement trop haut, envoyait un projectile pardessus le fort.

Le pavillon est resté en place.

Un dernier délai de cinq minutes environ a encore été accordé avant que le tir fut repris; tout le personnel du fort qui *n'avait pas à prendre part à la résistance devait être effectué à ce moment.*

Le tir a été repris, après cinq minutes, sérieux cette fois et dirigé sur les murailles du fort.

Un mouvement dans le pavillon a été observé; un instant il a été un peu abaissé, puis il a été rehissé.

A un certain moment nous avons vu quelques personnes s'échapper dans les broussailles; d'autres, armées de fusils, se retiraient sur la droite. On n'a tiré sur personne, ni mousqueterie, ni canons revolvers.

Un instant après, un drapeau blanc a été agité à l'extérieur du fort sur la droite.

Interruption immédiate du feu.

M. Receveur, enseigne de vaisseau, a été envoyé à

terre avec une baleinière pour entrer en communication avec Achinoff.

Au moment où la baleinière débordait, le pavillon russe a été amené.

M. Receveur n'a pas vu Achinoff, mais seulement Mme Achinoff, qui s'exprime facilement en français et qui s'est donnée comme mandataire de son mari.

A la répétition des conditions imposées à Achinoff, sa femme a répondu qu'il ne pouvait se désarmer par crainte des indigènes.

Comme M. Receveur lui proposait de les recevoir à bord, il a été répondu qu'il ne pouvait abandonner sa mission.

Telle est la situation à l'heure actuelle, amiral, et j'attends votre arrivée à Sagallo.

M. Receveur m'a annoncé que les projectiles éclatés dans le fort avaient tué ou blessé plusieurs personnes.

Je décline formellement la responsabilité de ces malheurs et je la rejette tout entière sur Achinoff, qui, s'il avait eu le plus vulgaire sentiment d'humanité, les eût évités en faisant évacuer le fort par les personnes inoffensives, car il a eu tout le temps nécessaire pour cela.

Signé : VÉRON.

Il y a mieux. L'amiral Olry — qui n'assistait pas au bombardement, chose grave cependant, puisqu'en dépit de toutes mauvaises raisons, il ne s'agissait de rien moins que de tirer sur des Russes, sur des femmes et des prêtres de ce noble peuple russe journellement acclamé en France — l'amiral muni de ce rapport va faire aussi le sien. Et combien il va s'entourer en écrivant de précautions oratoires, de faux-fuyants pour rendre possible l'acceptation par l'opinion française de ce qu'il a légèrement et, il faut bien le dire, cruellement ordonné. Car avant l'affaire aucune pitié ; aucun atermoiement ; à peine si la possibilité de transaction ressort de ses ordres. Mais après la catastrophe, après le retour au sang-froid qui pourtant doit toujours précéder et accompagner l'action chez le soldat, que de soins minutieux apportés à faire constater qu'on a voulu agir avec calme, sans emportement ; que d'empressement à faire remarquer au ministre qu'on a temporisé *une demi-heure* de plus que le délai d'abord fixé, quelle hâte à montrer qu'on s'est inquiété du pansement des blessés et du sauvetage des approvisionnements. Et comme il est alors facile de lire entre les lignes qu'on se sent un peu honteux du rôle qui vient d'être joué, qu'on en rejette tout l'odieux sur d'autres — sur les victimes — en un mot qu'on cherche des excuses.

Ce rapport, taillé et bien ajusté sur commande, et que l'amiral n'a pu rédiger que sur dires de tiers, lui paraît d'ailleurs si sujet à controverse, qu'avant de le terminer il se sent pris de doute, il en suspecte déjà la légitimité, il prévoit qu'il ne sera pas concluant, il va au-devant des critiques qu'il soulèvera et il en prévient son Ministre et l'opinion des Cabinets de l'Europe : « *Il est certain,* — écrit-il — *que ce personnage* (Achinoff) *cherchera à travestir les faits et s'efforcera d'accréditer une version entièrement contraire à la vérité* ». Quel aveu échappé à l'inquiétude du soldat qui vient d'accomplir, par discipline, contre des enfants et des femmes, un fait d'armes qui lui répugne, mais qu'hélas! il n'a pu discuter. Au reste, qu'on lise son rapport tout entier :

A M. le Ministre de la marine et des colonies.

Port-Saïd, 6 mars 1889.

Conformément aux ordres contenus dans votre télégramme du 8 février, j'ai porté mon pavillon sur le *Seignelay*, et j'ai quitté Port-Saïd le 11, avec ce bâtiment, pour me rendre à Obock, où je suis arrivé dans la soirée du 16, et où le *Primauguet*, le *Météore* et le *Pingouin* se trouvaient déjà au mouillage.

Je me suis aussitôt mis en communication avec le Gouverneur qui m'a fait part des instructions qu'il avait reçues et m'a mis au courant de **différentes démarches qu'il avait déjà faites en vue d'assurer la soumission d'Achinoff** et de ses compagnons, établis à Sagallo. Toutes ces tentatives étaient demeurées infructueuses, et en raison de l'arrogance croissante d'Achinoff, en présence de ses procédés sommaires à l'égard des indigènes, au sujet desquels de nombreuses plaintes lui étaient déjà parvenues, le Gouverneur **estimant qu'il y avait intérêt impérieux** à mettre fin le plus tôt possible à une pareille situation, **me demanda d'agir en conséquence.**

Il me parut que les choses ne pouvaient rester en cet état **sans compromettre sérieusement notre influence** sur les populations environnantes, qui assistaient depuis un mois à notre longanimité et étaient sur le point de croire à notre **faiblesse.**

Je me décidai, en conséquence, à une action immédiate, suivant en cela les directions que vous m'aviez adressées, et je pris mes mesures pour que le lendemain matin Achinoff **fût contraint** d'amener son pavillon.

A cet effet, le commandant du *Primauguet* reçut les instructions dont vous trouverez ci-joint copie (annexe n° 1) et le *Météore* appareilla aussitôt pour surveiller la côte pendant la nuit, avec ordre de rallier ensuite le *Primauguet*.

Ce dernier bâtiment partit le lendemain matin pour Sagallo, avec le gouverneur et le *Pingouin*.

Le lendemain soir, 17 février, le *Météore* rentrait à Obock et m'apportait le rapport du commandant

Véron, dont vous trouverez également une copie ci-jointe (annexe n° 2).

Les trois bâtiments s'étaient présentés vers midi devant l'ancien fort égyptien de Sagallo, sur lequel flottait le pavillon de commerce russe. Le Gouverneur avait aussitôt fait remettre à Achinoff **une dernière sommation**, en lui laissant une demi-heure pour obéir; cette démarche n'avait amené aucun résultat, et le délai s'est écoulé sans qu'**aucun indice de soumission** se fût produit.

On a su d'ailleurs, depuis, qu'Achinoff **s'était bien gardé de communiquer cet ultimatum à ses compagnons, en vue de les entretenir dans l'erreur**, ainsi qu'il l'avait fait jusque-là, au sujet de sa situation vis-à-vis des autorités françaises et de ses **démêlés** avec le Gouverneur; il leur avait déclaré que nous venions le voir en amis, et s'était abstenu de toute autre explication.

Notre attitude cependant, et surtout la présence de plusieurs bâtiments réunis avaient alarmé un certain nombre de Russes qui sortirent alors du fort et se tinrent prudemment à l'écart; mais, ainsi qu'on l'apprit plus tard, **les femmes et les enfants avaient été retenus de force dans le fort**, où s'étaient également enfermés ceux qu'aveuglait leur confiance dans leur chef. Ces circonstances ne pouvaient toutefois pas être encore connues du commandant du *Primauguet*.

Il me paraît inutile, monsieur le Ministre, d'insister davantage sur la **responsabilité encourue** de ce chef par Achinoff, qui, sachant qu'on allait tirer sur le fort, a fait tout ce qui dépendait de lui pour empêcher ses compagnons de se mettre à l'abri.

Aucune précaution n'avait cependant été négligée pour détromper ces malheureux et prévenir tout accident. Ainsi que vous l'avez sans doute déjà appris par les rapports de M. le Gouverneur, plusieurs Russes se trouvaient déjà à Obock au moment de mon arrivée, soit qu'ils eussent **volontairement déserté** la troupe d'Achinoff, soit qu'ils eussent été faits prisonniers et livrés par les Danakils. J'avais fait embarquer ces hommes sur deux boutres, qui furent remorqués par le *Pingouin* jusqu'à Sagallo, où ils mouillèrent à quelques mètres de la plage, **de façon à leur permettre d'entrer en communication** avec les gens d'Achinoff, **de les appeler et de leur donner asile** s'ils se laissaient persuader.

Cet essai de dislocation n'eut, sans doute, pas **tout l'effet qu'on pouvait souhaiter;** une vingtaine de Russes, cependant, tant dans la journée du 17 que dans la matinée du 18, se réfugièrent à bord des boutres et quelques autres se jetèrent à la nage pour être recueillis par nos embarcations.

Le commandant Véron **laissa s'écouler encore plus d'une demi-heure au delà du délai assigné et ouvrit ensuite le feu.** Le tir fut continué **lentement** et **régulièrement**, en le dirigeant sur la partie gauche du fort qui, ainsi que vous pourrez vous en rendre compte d'après les croquis ci-joints, ne paraissait pas occupée. La partie droite, fut, au contraire, **épargnée**, à cause de l'indice d'habitation révélé par une tente qui s'élevait au-dessus des murailles : de plus, c'était de ce côté que leur église et une partie de leurs logements avaient été aménagés. Trois obus de 14 centimètres traversèrent successivement le mur de gauche. Cinq personnes furent tuées et quatre ou cinq blessées.

Enfin, on vit agiter un drapeau blanc. Bien que le pavillon russe n'eût pas cessé de flotter au-dessus du fort, le commandant du *Primauguet*, **s'inspirant des recommandations de modération qu'il avait reçues,** fit aussitôt cesser le feu et envoya un officier à terre. Alors seulement le pavillon russe fut amené. Quant aux injonctions qui lui avaient été adressées par le gouverneur, Achinoff maintint son refus de s'y soumettre. Il se déclara contraint par la force à amener son pavillon, mais ne consentit ni à remettre ses armes, ni à évacuer le fort.

Telle était la situation le soir du 17 février, au moment où le *Météore* avait quitté Sagallo pour me rejoindre à Obock. Le *Seignelay* ayant de son côté utilisé la journée écoulée pour réparer son avarie de machine, je pus appareiller le lendemain matin avec les deux bâtiments et rejoindre devant Sagallo le *Primauguet* et le *Pingouin* sur lequel le gouverneur était resté.

A mon arrivée, les Russes n'avaient pas modifié leur attitude de la veille ; je décidai alors que les compagnies de débarquement seraient mises à terre et qu'elles contraindraient Achinoff et ses compagnons à une complète soumission.

Bien que ceux-ci, avisés de cette décision, eussent enfin pris le parti de prévenir le Gouverneur, vers deux heures, qu'ils n'opposeraient aucune résistance et consentaient même à être transportés à Obock, je n'en maintins pas moins les ordres donnés, en vue d'assurer une exécution immédiate de l'évacuation du fort et le transport du personnel et du matériel à bord des bâtiments.

Les compagnies de débarquement prirent terre devant le fort à l'heure indiquée, sous le commandement de M. le capitaine de vaisseau Escande. Les Russes avaient disposé quelques armes en faisceaux devant la porte et se laissèrent désarmer sans résistance. Ils étaient au nombre de 175 dont 145 étaient en état de porter les armes et le reste popes, femmes et enfants.

Il y avait, en particulier, parmi les premiers, trente Cosaques de l'Ukraine et une douzaine de Circassiens spécialement engagés pour le service militaire de la troupe. Les autres, à part les popes et quelques officiers, paraissaient plutôt être de pauvres artisans ou paysans. **Bon nombre de ces gens ne cachaient pas leur satisfaction de voir leur expédition avoir ce dénouement.** Aucun d'eux ne tenta de s'enfuir ; ils savaient d'ailleurs que c'eût été folie d'y songer, la brousse et la plage étaient déjà semés de Danakils armés, attirés par l'espoir de quelque aubaine, et dont les intentions à leur égard leur étaient déjà trop connues.

C'était même plutôt vis-à-vis des indigènes que contre les Russes, que les précautions militaires étaient le plus utiles. Aussi, le premier soin du commandant Escande fut-il de placer des postes autour du fort et de les relier par une ligue de factionnaires. Ces mesures **assurèrent la protection des Russes** et de leurs bagages et prévinrent tout délit.

Les médecins s'étaient portés, d'autre part et aussitôt débarqués, auprès des blessés de la veille qu'ils firent transporter à bord du *Primauguet*, **où les soins les plus dévoués leur furent prodigués**. On s'occupa ensuite d'embarquer la troupe d'Achinoff, qui fut partagée entre les différents bâtiments. Achinoff et sa femme furent déposés à bord du *Primauguet*, et on garda seulement à terre l'archimandrite et une quinzaine de gens désignés par lui en vue de les faire assister à l'embarquement du matériel et d'obtenir d'eux les renseignements nécessaires **pour que rien ne fût oublié**.

Ainsi que vous le verrez par le rapport du commandant Escande et le rapport annexe du lieutenant de vaisseau de Lapeyrère, dont les copies sont ci-jointes (annexes n°s 3 et 4), cet embarquement était par lui-même assez délicat, en raison de l'impossibilité d'accoster les canots à la plage, où la mer brisait avec assez de force pour rouler à différentes reprises les embarcations légères qui faisaient le va-et-vient. Le matériel contenu dans le fort se composait principalement d'une grande quantité de caisses pesant peut-être **ensemble une soixantaine de tonneaux**, et pour la plupart très encombrantes et peu maniables.

Outre les bagages personnels, elles renfermaient une grande quantité d'armes et de munitions, de provisions de toute sorte, d'instruments aratoires ou autres, d'outils, de matériaux de construction ou de transports, etc., etc. **Les plus grandes précautions furent prises** pour préserver ce matériel pendant l'embarquement. Les équipages travaillèrent toute la nuit et pendant la matinée suivante, sous la direction de leurs officiers et le commandement de M. de Lapeyrère, qui avait relevé le commandant Escande dans la soirée. Invités à plusieurs reprises à faciliter ce travail, au moins par leurs indications, quelques-uns des Russes restés à terre concoururent à activer l'évacuation; mais la plupart d'entre eux, et en particulier l'archimandrite, ont paru se désintéresser des travaux exécutés sous leurs yeux, et n'ont songé qu'à dormir jusqu'au jour.

A neuf heures du matin, le 19 février, le fort et la plage étaient entièrement évacués, l'archimandrite et ses compagnons envoyés à bord des bâtiments et les derniers colis embarqués sur les embarcations. Avant de m'éloigner, et sur la demande du Gouverneur, **je fis alors procéder à la destruction d'une partie du fort**, dont la façade et le mât de pavillon se sont effondrés à neuf heures douze minutes, sous l'explosion de **quelques kilogrammes de fulmi-coton.**

Il ne me restait plus qu'à déposer ce personnel et ce matériel à Obock; les bâtiments appareillèrent donc au fur et à mesure qu'ils étaits prêts et je me disposai à les suivre avec le *Seignelay*.

C'est au moment où je prenais les dernières dispositions pour quitter Sagallo, que le *Scorpion* a rallié mon pavillon. Je le renvoyai aussitôt à Obock, et je partis moi-même avec le *Seignelay* pour Tadjourah, où le Gouverneur m'avait déjà précédé avec le *Pingouin*, en vue de donner des instructions au chef de la localité et de recueillir les Russes qui auraient pu être capturés par les indigènes.

Vers deux heures de l'après-midi, le *Seignelay* rejoignait le *Pingouin* devant Tadjourah, et **je remettais au Gouverneur votre télégramme du 16 au soir dont il me donnait aussitôt communication. Les indications qu'il contenait me sont, par suite, parvenues trop tard pour que j'aie pu m'y conformer, et je suis rentré le soir même à Obock** où le personnel et le matériel embarqués ont été déposés à terre et remis à M. le gouverneur.

Les bâtiments avaient reçu l'ordre d'embarquer les réfugiés **comme passagers à la ration.** Pendant leur séjour à bord, ces hommes **se sont montrés très dociles.** Ils ont même tenu à me faire parvenir, avant leur débarquement, **l'expression de leur reconnaissance pour les traitements dont ils**

avaient été l'objet. Seuls, Achinoff et sa femme ont conservé une attitude nettement hostile et **n'ont pas cessé de se plaindre et de protester** contre tous nos actes. **Il est certain que ce personnage cherchera à travestir les faits et s'efforcera d'accréditer une version entièrement contraire à la vérité.**

C'est ainsi qu'il a déjà fait signer par l'archimandrite plusieurs protestations rédigées en français par sa femme ; or cet archimandrite ne sait ni lire, ni écrire même en russe! Il a, au surplus, lui-même reconnu la fausseté des allégations contenues dans ces pièces lorsqu'elles lui ont été traduites. Il est en fin de compte évident que dans toute cette affaire, bien que l'archimandrite fût le chef nominal de la mission, son autorité n'était qu'un masque au service d'Achinoff et que lui-même n'était qu'un jouet au service de ce dernier.

Le *Primauguet* a appareillé dans la soirée pour Aden, pour vous expédier un télégramme et pour y attendre vos ordres. Les membres de la troupe russe ont été logés à terre, mais Achinoff et sa femme, dont l'influence sur leurs compagnons paraissait dangereuse, ont été séparés d'eux et embarqués à bord du *Pingouin*. Sur la demande du gouverneur et en vue de prévenir tout conflit, j'ai envoyé à terre une section de la compagnie de débarquement pour concourir à l'exécution de ces mesures. Depuis ce moment, **le gouvernement n'a plus eu besoin de mon concours.**

Le *Primauguet* est revenu d'Aden le 24 à huit heures trente minutes. Les dispositions furent aussitôt prises de concert avec le Gouverneur pour exécuter les mesures prescrites. Achinoff et ses compagnons furent embarqués avec leur matériel sur le *Primauguet* et le *Seignelay* qui quittèrent Obock le 25, à cinq heures et demie du soir.

Je suis arrivé sans incident à Suez, le 2 mars, avec le *Seignelay* et le *Primauguet*.

J'ai été aussitôt mis en relation, par l'intermédiaire du consul de France, avec le délégué russe, M. Ivanof, qui m'a annoncé que le croiseur *Zabiaka* était attendu le lendemain à Suez où il avait été envoyé pour prendre les membres de la troupe Achinoff.

Le 3 mars, à trois heures du matin, le *Zabiaka* arrivait à Suez et le transbordement des passagers et de leur matériel était effectué dans la matinée, ainsi que j'ai eu l'honneur de vous en rendre compte par un télégramme du même jour.

Je suis parti le soir pour Port-Saïd, et j'ai reporté aujourd'hui mon pavillon sur le *Vauban*.

Le *Primauguet*, n'étant pas muni de projecteurs

électriques, n'a pu transiter de nuit dans le canal ; il arrivera sans doute demain à Port-Saïd.

Je suis avec le plus profond respect, monsieur le ministre, votre très obéissant serviteur.

Signé : L. Olry.

Toutefois et malgré les explications déjà données, l'amiral ne se sent pas encore justifié. La réflexion lui apporte de nouveaux scrupules. Il éprouve encore le besoin de parler, de donner des raisons de sa conduite ; et qui sait, peut-être, de permettre à ses mandants de se tirer d'embarras, de répondre aux récriminations qui de toutes parts vont se faire entendre, de prendre une attitude devant la douloureuse émotion du pays qui, lui, étranger aux machinations diplomatiques franco-anglaises, franco-allemandes et franco-italiennes, ne comprendra, dans sa stupeur que cette seule chose, à savoir : Que des marins français ont tiré sur des russes et que les projectiles de la défense nationale ont servi à tuer les enfants et les femmes de nos seuls alliés possibles!... Là-dessus on ne saurait trop insister.

Port-Saïd, le 4 mars 1889.

J'ai l'honneur — mande à nouveau l'amiral — de vous confirmer mon télégramme d'hier soir, par lequel je vous ai annoncé l'envoi d'un rapport supplémentaire au sujet de l'affaire de Sagallo.

Par mon rapport du 4 de ce mois, je vous ai déjà fait connaître les raisons qui m'avaient engagé, dès mon arrivée à Obock, à **contraindre immédiatement** Achinoff à se soumettre et à évacuer notre fort.

Relativement au choix des moyens que j'ai employés, je crois devoir vous exposer les considérations qui suivent et me paraissent répondre plus spécialement à la demande contenue dans votre télégramme d'hier.

Si j'ai tout d'abord écarté l'idée d'un débarquement en armes, c'est parce que **les dispositions connues d'Achinoff me donnaient lieu de croire que la mise à terre des compagnies de débarquement amènerait un conflit**. Or, une fois le premier coup de fusil tiré, il eût été bien difficile d'arrêter l'effusion du sang, et les victimes eussent été certainement nombreuses de part et d'autre, **car notre débarquement eût dû s'effectuer dans de mauvaises conditions tandis que les gens d'Achinoff était retranchés derrière des murs percés de meurtrières.**

En procédant comme je l'ai fait, j'ai eu précisément en vue d'éviter ces conséquences. Achinoff prévenu, on **lui laissait le temps nécessaire, non seulement pour se soumettre, mais encore pour se mettre à l'abri**, lui et ses compagnons, dans le cas où il persévérerait dans sa résistance illégale. Ainsi donc dans ces deux hypothèses contraires, le résultat devait être également obtenu et cela sans qu'il y eût de sang répandu.

Si, d'autre part, le lendemain, la menace d'un débarquement en armes est devenue un moyen d'action efficace, **cela est uniquement dû à l'effet moral produit par l'action de la veille.** A ce moment, nous n'avions plus devant nous qu'un chef dont le prestige était détruit, et qu'une troupe disloquée, incapable d'obéir à un ordre. Il est hors de doute que, la veille, la même démonstration eût amené un résultat tout différent.

En résumé, toutes les mesures avaient été prises

pour dissuader Achinoff et ses compagnons d'une **vaine résistance** et pour recueillir ceux qui viendraient à nous. Tout le temps nécessaire avait été donné pour permettre d'évacuer le fort, tout devait nous faire croire qu'il ne pouvait y rester que des gens résolus à pousser la résistance jusqu'au bout. En tirant un coup de canon intentionnellement trop haut et en laissant s'écouler un assez long délai avant de continuer le feu, on devait lever tous les doutes chez Achinoff et ses compagnons; ils pouvaient se convaincre de notre intention bien arrêtée d'agir par la force. S'ils avaient, à ce moment, amené leur pavillon, tout était dit. En tirant ensuite coup par coup à de longs intervalles, on était prêt à s'arrêter au premier signe de soumission de leur part. Ils avaient donc tous les moyens, d'abord d'empêcher tout accident et ensuite d'arrêter à volonté notre action.

Il me paraît impossible de prendre des mesures plus humaines. Si elles n'ont pas eu tout le succès désirable, c'est à Achinoff qu'il faut s'en prendre.

Signé : L. Olry.

Après avoir reproduit le rapport de l'amiral, nous allons le discuter.

XLI

LA NOVOIÉ VRÉMIA

(*Nouveau temps*).

Les journaux français ont eu pour principaux arguments contre Achinoff l'opinion de la presse russe et en particulier du *Nouveau Temps ;* voici pour leur répondre un article de ce journal dans le numéro du 9 avril 1889 et qui a trait à la discussion du rapport de l'amiral Olry.

Le rapport de l'amiral Olry est publié. Il est à regretter que l'amiral puisse parler comme témoin d'une petite partie de l'accident seulement. Dans le reste il a dû se fier au témoignage du premier coupable de la catastrophe; certes, cela a eu son influence sur le contenu du rapport. L'amiral décrit en détails la marche de ses vaisseaux, mais l'événement lui-même du 5/17 février n'existe presque pas dans son rapport.

Il n'y a pas trace de ces pourparlers que le gouvernement, prétend-on, a menés avant avec la mission. Il n'existe pas de détails particuliers sur le bombardement lui-même. Il n'y a même pas le texte de l'ultimatum, *mais il y a des allusions et même des expressions ironiques à l'adresse de l'archimandrite Païsi*, qui sont d'autant plus inconvenantes sur un papier officiel qu'elles sont suivies de mensonges.

On remarque une chose : l'amiral, visiblement, comprenait la nécessité des excuses et en parlant vaguement des détails principaux *il s'arrête longuement à des puérilités*, comme si toute l'importance était là. Il se tait sur beaucoup de choses ou *il raconte de manière qu'on puisse de ses paroles conclure tout à fait autre chose que ce qui était en* RÉALITÉ. Par exemple, *parlant* du premier coup de canon tiré par-dessus le fort, il dit : « trois boulets (ou obus) de 14 centimètres, l'un après l'autre ont troué le mur du côté gauche. Cinq hommes ont été tués et quatre ou cinq blessés ! » Et rien de plus !

N'est-ce pas, comme c'est raconté sciemment? Chacun pensera qu'il n'y avait que trois coups tirés sur le fort; tandis qu'en réalité on en avait tiré onze. Cependant il n'y en a que trois qui avaient porté dans le mur du fort. Les autres ont brisé la chaloupe, détruit l'église, ont blessé les gens qui couraient dans la direction du bois. D'après les dires de l'amiral les coups de canons étaient tirés à de longs intervalles. Et d'après le premier rapport des Français tous les onze coups ont été tirés en quelques minutes. Jusqu'à quel point l'amiral Olry a pensé peu à l'exactitude, cela est démontré par le chiffre ou le nombre des tués ou des blessés qu'il donne : cinq premiers (tués), quatre ou cinq seconds (blessés) tandis qu'ils étaient sept (tués et dans l'hôpital d'Obock seulement il est resté six blessés. *Vraiment c'est un* RAPPORT ÉTRANGE dont les chiffres mêmes sont inexacts.

D'après le rapport de l'Amiral, il résulte qu'avant le bombardement, il a ordonné de mettre des bateaux à quelques mètres de la plage, avec les déserteurs russes qui devaient entrer en relations avec les gens d'Achinoff. Mais comment l'amiral peut-il dire que les hommes d'Achinoff savaient l'intention des Français de bombarder la mission?

On a exprès été porter des chaloupes, avec des

déserteurs, pour qu'ils conversent avec Achinoff et ses gens.

Tous les participants à l'expédition unanimement certifient qu'ils ont vu les déserteurs, au moment du bombardement, sur les bateaux mêmes. *Il est clair que les chaloupes*, avec les déserteurs, étaient tout simplement *inventées pour les convenances* du décor.

Le témoignage des Russes, du noir porteur d'ultimatum, est certifié : dans le rapport du capitaine Véron, il est avéré qu'après la remise de la lettre, ce « noir est parti directement vers la haute mer », et le bombardement des Russes est devenu inévitable. Qui en est donc responsable?

Est-ce que ce ne sont pas les Français ? Est-ce que les Russes ne pouvaient pas se fier à l'homme qui était considéré par les Français comme digne de la mission qui lui avait été confiée?

L'amiral Olry cite le document dans lequel il ordonna au capitaine du *Primauguet* d'être TOLÉRANT (?). SUPERBE ORDRE, mais comment a-t-il été exécuté?

Le 1er juin, M. Lagarde a refusé de faire n'importe quelle concession à l'archimandrite Païsi sous prétexte de l'absence de l'amiral, et on a refusé les soins médicaux.

M. Lagarde a promis de ne pas recommencer le bombardement jusqu'au matin, mais il a ajouté que *si les*

Russes, à l'arrivée de l'amiral, ne font pas un signal avec le drapeau blanc, on pensera qu'ils ne veulent pas continuer les pourparlers et le bombardement sera recommencé immédiatement. Les seconds pourparlers ont eu lieu, et on a donné à l'archimandrite Païsi une demi-heure pour se décider, après quoi le bombardement devait recommencer.

Il est évident que les Français ont imaginé devant eux quelque chose d'insensible, sans larmes, sans sang, en un mot, quelques murs d'argile sur lesquels on pouvait tirer autant qu'on voudrait. Et ils ont tiré, et ils ont pensé qu'ils étaient très tolérants!

Ici la description du pillage des effets de la mission que nous ne pouvons publier.

Les difficultés d'embarquement sont racontées intentionnellement pour expliquer la disparition des effets. A Obock on l'avait expliquée parce qu'il y avait éboulement de la terre.

Que l'archimandrite et ses compagnons aient dormi tranquillement quand, autour d'eux, il y avait la destruction de tout le bien de la mission, quand les saintes images et autres saints objets étaient en danger de profanation, quand la nuit même était les dernières heures de l'existence de la mission, qui voudrait le croire? *L'amiral dit que l'archimandrite Païsi s'est désisté des protestations signées par lui quand on les lui avait traduites. Aujourd'hui l'archimandrite Païsi personnellement et verbalement nous le réfute.* Il nous a montré le texte de la protestation qu'il a donnée aux Français et nous ne savons ce qu'il lui faudrait ajouter pour désigner plus précisément et plus franchement *la barbarie des Français.*

Qu'est-ce qui pouvait obliger l'archimandrite Païsi à s'en désister? certainement la netteté de sa protestation était la raison qu'elle n'avait pas été acceptée par les Français, et il n'est pas du tout vrai que Païsi s'en soit désisté lui-même comme y fait allusion l'amiral Olry.

L'amiral était tellement sûr de la justice des Français qu'il *écrit que d'après son opinion il est impossible d'exécuter son ordre plus humainement.*

Sans indiquer autre chose, pourquoi les médecins étaient-ils envoyés seulement après 24 heures? Pourquoi le commandant a-t-il déclaré à la demande de Païsi que l'amiral n'a pas ordonné d'envoyer les médecins?

Il n'était pas suffisant pour les Français d'avoir les lauriers d'une bataille si brillamment gagnée. Et outre la réputation d'être humanitaires, ils veulent encore la gratitude des russes pour la libération de la mission russe, aventure périlleuse disent-ils.

Il paraît qu'il plaisait aux russes d'être bombardés. Beaucoup d'entre eux ont exprimé leur contentement pour une pareille issue de l'expédition. *Quelqu'un est venu pour remercier l'amiral.*

Pourquoi donc les Français n'ont-ils pas raconté qu'à Obock 15 russes, avec *Belaïeff un jeune homme intelligent,* sont venus chez le procureur pour demander qu'Achinoff soit pendu, Païsi fusillé et 42 russes arrêtés d'après les indications de ce même Belaïeff.

Nous avons parlé de toutes ces petites choses, qui sont les plus importantes du rapport Olry, *laissant encore de côté une quantité de petitesses dont est composé sa réhabilitation.*

Nous n'avons pas montré les contradictions existant dans le témoignage des Russes et celui des Français, mais seulement dans le rapport de l'amiral.

Cet effort pour retoucher quelques détails, pour changer les faits, ce qui change leur sens accuse mieux que n'importe quel témoignage, une conscience inquiète contre les Russes qui pourtant ont l'air de bien peu de chose de cette affaire. Les contradictions ont commencé dès les premiers témoignages et *le rapport d'excuses de l'amiral Olry confirme ce qu'il tâche de réfuter.*

On voit que l'amiral Olry n'était guère ménagé par le journal russe, ce qui n'empêchera pas de publier que le *Nouveau Temps* a *toujours* combattu Achinoff.

Qui ne comprend, après ce qui précède, que le bombardement du *Primauguet* a fortement troublé l'Amiral ! Il est venu ; il a vu et compté les cadavres mutilés par les éclats d'obus ; la triste réalité le rappelle confusément à la notion exacte des choses ; il discerne que ce canonnage hâté, féroce, soulèvera toutes les consciences simples mais généreuses, révoltera tous les sentiments d'humanité et de justice, et, pour le pallier, voyez-vous ce qu'il invoque, dans son trouble même, au milieu de son évident désarroi moral : La peur ! Oui, la peur, cette sensation anti-française, ce mot qui n'a pas de sens dans la langue des héros de Tuyen-Khouan et de Fou-Tchéou, ce vocable que le marin ne connaît pas ! « J'avais tout d'abord écarté l'idée d'un débarquement en armes, car notre débarquement eût dû s'effectuer DANS DE MAUVAISES CONDITIONS, *tandis que les gens d'Achinoff étaient retranchés derrière des murs percés de meurtrières* ». Mais il a hâte de se contredire : « *Toutes les mesures avaient été prises pour dissuader Achinoff et ses compagnons d'une* VAINE *résistance* ». Vaine, le mot y est. Alors pourquoi s'être servi du canon, et, au lieu de boulets pleins, d'obus qui en éclatant décuplent le nombre des victimes, si l'on savait l'*ennemi* si peu terrible, si faible, si vain !

Il faut que la défense aille jusqu'à la naïveté, jusqu'à l'incohérence, et elle y arrive : « *Si le lendemain la menace d'un débarquement en armes est devenue un moyen d'action efficace, cela est uniquement dû à l'*EFFET MORAL *produit par l'action de la veille* ».

Effet moral n'est-il pas une trouvaille? Il n'y a plus rien debout, le fulmi-coton a eu raison de la fameuse muraille à meurtrières, plus de crainte à avoir. Non seulement il n'y aura plus de résistance *vaine*, il n'y a plus que des fugitifs, des gens armés, sans doute, mais affolés, traqués... et des morts!...

XLII

LES RÉPONSES D'ACHINOFF

Nous avons donné *in extenso* et puisés au *Journal officiel* l'exposé des faits et les justifications fournies par les exécuteurs des hautes œuvres du ministère Floquet-Goblet-Krantz, il est temps de laisser la parole au principal accusé. Achinoff va réfuter point par point des allégations trop émues peut-être et trop nerveuses pour n'être pas intéressées.

« 1° L'amiral Olry prétend que le gouverneur d'Obock a tout tenté pour amener Achinoff à se soumettre. Se soumettre à qui et à quoi? Que lui avait-on demandé? Les officiers français accouraient en amis visiter la mission et il n'était jamais venu à l'idée de personne de les en blâmer ou d'exiger quoi que ce fût d'Achinoff. Ils s'étaient simplement informés, par curiosité, du moment où la caravane des Cosaques partirait pour l'Abyssinie, et on leur répondait que le départ était subordonné à l'arrivée des chameaux nécessaires au transport. Les Français étaient même si peu hostiles qu'ils allaient jusqu'à s'inquiéter pour les Russes des dispositions des indigènes et de Mohammed-Leita, mais on les avait rassurés sur le sort de l'expédition en leur faisant connaître que Mohammed-Leïta était l'ami d'Achinoff.

« 2° L'amiral dit que le pavillon de commerce russe était hissé sur le fort. C'est là une très grave inexactitude. Il n'a jamais été arboré à Sagallo que deux pavillons : le premier le *pavillon de la mission religieuse*, déferlé sur l'Église, avec les couleurs du commerce, *mais comportant une grande croix de Saint-André*, le second, arboré sur la pharmacie et qui n'était autre que *le drapeau de la Convention de Genève* blanc et rehaussé de la croix grecque rouge;

« 3° L'amiral Olry prétend qu'Achinoff avait caché à ses hommes la réception de l'ultimatum du gouverneur. Comment Achinoff qui ne connaissait pas le français aurait-il pu prendre connaissance d'un pareil document? Et cela est si vrai qu'aux premiers coups de canon, le pavillon de l'église s'est abaissé pour rendre ce qu'on croyait être un salut. La preuve irréfutable est tout entière écrite dans le rapport du commandant Véron qui, de son côté, ne s'explique pas ce mouvement du pavillon russe mais le constate et en dresse procès-verbal : « *Le tir a été repris, sérieux cette fois et dirigé sur les murailles du fort.* UN MOUVEMENT A ÉTÉ OBSERVÉ DANS LE PAVILLON; UN INSTANT IL A ÉTÉ UN PEU ABAISSÉ, PUIS IL A ÉTÉ REHISSÉ. »

Et comment les Français auraient-ils pu connaître la réponse à l'ultimatum en supposant qu'on en eût pu faire une. Voici ce qu'écrit M. Véron : « *A* 1^{h},43 *l'interprète débarquait, remettait la sommation et se rembarquait à* 2^{h}.7, *sur le boutre* QUI PRENAIT LE LARGE. » Sa mission avait donc duré 24 MINUTES. Achinoff avait dû lire, discuter et peser en aussi peu de temps un document incompréhensible pour lui. Et en admettant qu'il eût pu comprendre, il devait avoir eu le temps de dicter sa réponse. Soit.

Mais les Français ne l'eussent jamais, même en ce cas, reçue, puisque le commandant vient de l'affirmer : « *L'interprète se rembarquait à*

$2^h7'$ *et prenait le large* ». Il n'est pas revenu à bord. Il n'a pas revu ceux qui l'avaient envoyé.

Seraient-ce alors les prétendus déserteurs qui auraient pu entamer les négociations et fixer Achinoff sur les dispositions prises à son égard par le *Primauguet?* L'amiral l'insinue, mais il se contredit aussitôt lui-même : « *Plusieurs Russes se trouvaient déjà à Obock, soit qu'ils eussent volontairement déserté*, etc… *J'avais fait embarquer ces hommes sur des boutres qui furent remorqués par le* Pingouin *jusqu'à Sagallo où ils mouillèrent* A QUELQUES MÈTRES DE LA PLAGE. » Ils n'abordèrent donc pas, alors. Et, dans ce cas, comment auraient-ils pu être porteurs, comme le prétend l'amiral, de propositions bienveillantes? Pourquoi ne les mena-t-on pas jusqu'à terre, s'ils avaient véritablement une mission à remplir?

« 4° Pour en finir avec ces prétendus déserteurs envoyés en ambassade et parlementaires, mais qui n'abordèrent pas, comment supposer, un instant, que dans le cas où ils seraient venus au campement de la mission, Achinoff eut consenti à les entendre? Un chef militaire qui se respecte et qui se doit à l'honneur de sa nation peut-il s'aboucher avec ceux qui l'ont trahi? Qui le croira?

« 5° L'amiral écrit ensuite qu'une vingtaine de Russes qui « *se laissèrent persuader* » se réfugièrent « *à la nage* » vers ces boutres. C'est vrai. Au moment du bombardement. Mais puisqu'on était heureux de leur « *offrir asile* », pourquoi alors avoir tiré sur ces fuyards désarmés dont la plupart furent blessés? Ce refuge offert sur ces boutres, n'était-ce donc qu'un piège? Ceux-là au moins, en fuyant, évacuaient, obéissaient inconsciemment aux sommations, à quoi bon alors les viser?

6° *C'était même, écrit l'amiral, plutôt vis-à-vis des indigènes que contre les Russes que les précautions militaires étaient le plus utiles.* » Nous n'avions nul besoin, dit Achinoff, de cette protection un peu tardive, après le massacre des nôtres. Les Français savaient bien que nous vivions en paix avec les noirs et ils en avaient paru souvent surpris et même étonnés. En tout cas pareille sollicitude après coup — et après les coups de canon — était au moins facétieuse.

« 7° Malgré les affirmations de l'amiral, c'est la partie inhabitée du fort qui est demeurée intacte ; l'église où s'étaient réfugiés les enfants et les femmes a servi de but, ainsi que la pharmacie, malgré son drapeau à croix rouge.

8° L'amiral a prétendu non seulement qu'Achinoff n'avait pas communiqué l'ultimatum à ses compagnons, mais encore qu'il avait retenu de force les enfants et les femmes. D'où tient-il cela? Comment connaissait-il les intentions et les décisions du chef des Cosaques lui qui écrit textuellement à propos même de ces femmes et dix lignes plus bas : « *Ces circonstances ne pouvaient toutefois être encore connues du commandant du* Primauguet ». Qui ne voit la contradiction et le vague de cette diatribe confuse?...

« 9° L'amiral est encore inexact en disant que c'est le lendemain du bombardement que s'effondra le mât du pavillon sous l'effort du fulmi-coton. En réalité il avait été abattu la veille au premier moment de la canonnade.

« 10° L'amiral prétend, ajoute Achinoff, nous avoir bombardé pour éviter, en envoyant ses compagnies de débarquement à terre une lutte fratricide au fusil. Et cependant, le lendemain, il n'hésite pas à envoyer ses tirailleurs vers nous. Nous avions encore, tous nos fusils; le danger d'une lutte jusqu'à la mort était donc le même après qu'avant. Qui nous eut empêchés de nous retrancher derrière les abris du terrain et de contrarier la descente « *dans* » *de mauvaises conditions* dit le rapport, en ouvrant le feu sur les marins? Nous étions si peu dangereux et si peu agressifs que nous n'y songeâmes même pas, malgré la sanglante insulte de la veille. Pourquoi donc avoir commencé par nous bombarder ?

« 11° *Les Russes*, continue le rapport, *se laissèrent désarmer sans résistance* ». Le fait du désarmement est si peu exact, que personne ne songea à nous enlever nos armes et que nous embarquâmes sur les divers navires avec nos chachka et nos kinjal. Seuls les fusils furent placés dans des caisses et à ce moment on était si éloigné de nous traiter en prisonniers, qu'on nous promit de nous transporter à Djibouti pour nous permettre d'entrer en Abyssinie.

« 12° La descente des troupes à terre avait pour cause, dit l'amiral, la surveillance et l'embarquement des bagages de la mission. Or cette surveillance a été si active que sur **60 tonnes de marchandises diverses que le rapport avoue nous appartenir, il n'a pu être rendu au croiseur russe « Zabiaka », à Suez, que dix tonnes!!! Soit 50 tonnes de déficit, au sujet desquelles Païsi et moi Achinoff, avons adressé nos réclamations au commandant Véron.**

« 13° Il a fallu que le P. Païsi suppliât longtemps et inutilement pour que les médecins vinssent au secours des blessés. Cela ressemble peu à la descente « instantanée » dont s'enorgueillit le rapport. Pour que ce secours vulgaire et peu compromettant fut accordé, il était nécessaire, paraît-il, d'avoir l'avis de l'amiral, qui n'était pas encore arrivé à Sagallo !

« 14° L'amiral dit : « *Achinoff a déjà fait signer par l'archimandrite plusieurs protestations rédigées en français par sa femme* ». Puis il ajoute immédiatement : « *or cet archimandrite ne sait ni lire, ni écrire*, MÊME EN RUSSE ! » Alors comment a-t-il pu signer? comprenne qui pourra... Bien mieux, l'amiral écrit encore : « *Il a, au surplus*, (l'archimandrite) *lui-même reconnu la fausseté des allégations contenues dans ces pièces lorsqu'elles lui ont été traduites.* » Mais qui les lui a traduites, à bord du vaisseau français, pendant tout le temps que l'amiral a pu être renseigné sur son compte, puisqu'il ne parlait que le russe, ne savait pas lire, et n'aurait pu être compris que d'Achinoff ou converser avec lui? Ce n'est pas tout, l'amiral va cette fois être pris en flagrant délit d'erreur qui ne peut pas être involontaire. Il vient de prétendre n'est-ce pas, en se contredisant de la façon la plus formelle, que l'Archimandrite Païsi « *a reconnu la fausseté des allégations contenues* etc... » eh bien ce même archimandrite si bien venu à résipiscense, avait déjà remis, avant le rapport du 4 mars de l'amiral, une protestation énergique entre les mains du consul russe Ivanof, le 7/19 février. Que conclure? Sinon que l'amiral continue à naviguer en pleine fantaisie...

« 15°. Enfin, malgré son affirmation, l'amiral n'a reçu qu'un seul remerciement des membres de la mission et il le sait très bien. Et cela venait de Gordessevitch, un traître, le seul traître de l'expédition. Il n'y a pas à s'en vanter. Les traitements subis à Sagallo et pendant la traversée de Suez ont laissé dans le cœur de tous les membres de la mission de trop cruels souvenirs, pour que l'amiral français puisse se prévaloir d'aucun autre témoignage que celui de Gordessevitch, » l'auteur du premier article du *Nouveau Temps* qui incrimine Achinoff et qui a du reste été démenti par le *Nouveau Temps* lui-même.

Pour compléter l'enquête, voici la protestation indignée et éloquente dans son émotion de Mme Achinoff. Elle précise les faits avec une sincérité si éclatante qu'il sera bien difficile aux personnages mis en cause de se laver de l'accusation :

Lettre adressée à Madame Adam et datée de Pétersbourg le 28 *mars* 9 *avril* 1889.

Madame,

Un passage du rapport du capitaine Véron m'oblige à rompre le silence que je m'étais imposé, n'ayant jamais pris part, de mon propre chef, aux rapports officiels qu'a eu la mission religieuse avec les autotorités françaises, ou comme représentant du chef de la mission religieuse russe le Père Païsi, ou, comme représentant mon mari. J'ai simplement cru de mon devoir de mettre au service de mes compatriotes le peu de français dont je dispose.

Au premier officier qui se présenta après que nous eûmes levé le drapeau blanc, le Père Païsi, chef de la mission religieuse, dit catégoriquement, (par mon entremise) qu'il désirait voir le commandant pour lui demander des explications sur l'inconcevable procédé dont nous venions d'être victimes, et n'eut avec lui aucun autre rapport.

La seule chose que j'ai ajoutée de mon chef ne se trouve pas dans le rapport de monsieur le capitaine Veron ; je comble cette lacune, en vous rappellant textuellement mes paroles adressées à monsieur l'officier et je ne demande pas mieux que de les livrer à la publicité et à la connaissance de la France entière bien qu'elles soient d'un caractère tout-à-fait personnel.

« Je m'adresse à vous, dis-je, comme à un homme et non comme à un officier français, et je vous dis que votre gouverneur Lagarde est un criminel qui a bombardé des femmes des enfants et des moines sans nous prévenir qu'il le ferait. — c'est une vraie boucherie ! »

L'officier parti, on nous en envoya un autre, avec lequel nous n'eûmes aucun rapport, et qui nous mena comme nous le demandions chez le Gouverneur Lagarde non comme traducteur.

Jusqu'à présent je me suis tue volontairement, mais je dois rompre ce silence pour mettre dans leur jour les inexactitudes probablement involontaires de M. le commandant Véron.

« Veuillez croire qu'il m'était pénible, Madame, d'aborder un sujet si délicat pour votre patriotisme français et les sympathies généreuses que vous portez à notre pays, mais j'y suis obligée ayant été nommée dans une pièce officielle française avec une qualification de soi-disant chef ou représentant de la mission que je n'ai jamais prise et que je ne me reconnais pas. Veuillez bien croire, madame, aux sentiments de considération très sincère que je vous porte.

Signé : Sophie Achinoff.

XLIII

LA PROTESTATION DE L'ARCHIMANDRITE PAISI. — LE RAPPORT DE M. DE LA ROCHE-DUMAS.

L'archimandrite Païsi était certes un homme énergique; mais c'était aussi un esprit calme et peu aventureux : son opinion aura donc un poids considérable et ce soi-disant illettré saura gagner à lui les sympathies de tous, quand il élèvera la voix.

De Suez il data du 19 février la protestation suivante remise entre les mains du consul russe Ivanoff cette protestation dont l'amiral a nié l'existence.

A l'endroit désigné par le sultan Mohamed Leita, la mission russe s'est arrêtée pour former la caravane et pour se préparer en vue du voyage d'Abyssinie. On a monté la chapelle portative le 5/17 février 1889, sans que nous nous y attendions, l'escadre française nous a bombardés au moment où nous prenions le thé. Quand *nous avons entendu le premier coup de canon* sachant que la Russie ne se trouve pas en guerre contre la France, *nous l'avons pris pour son salut*, et nous avons répondu de même.

Mais, deux ou trois minutes après, un autre coup a suivi, dirigé sur le fort; alors, seulement, nous avons compris que les Français bombardaient. Nous avons hissé une chemise blanche. Les Français ont cessé le feu, après avoir tiré onze coups de canon et plusieurs de mitrailleuses avec des obus, qui éclataient contre une mission russe tout à fait inoffensive.

Par ces coups ont été tués : 4 enfants, 2 femmes enceintes et un homme. Il y avait 20 hommes blessés ou contusionnés. On a tiré sur l'église russe où il y avait hissé le drapeau de Genève. Plusieurs saintes images, les vases sacrés étaient détruits.

Après la canonnade, est venu un officier français chez nous, *auquel j'ai déclaré que, comme chef de la mission religieuse russe,* je voulais m'expliquer avec le commandant d'Obock.

On m'a envoyé la chaloupe, et le gouverneur m'a dit qu'il ne pouvait entamer des pourparlers avec moi que d'accord avec l'amiral Olry qui devait être à Sagallo le lendemain du bombardement.

Je suis arrivé la seconde fois chez le gouverneur, et j'ai reçu de lui les instructions de l'amiral, le chef de l'escadre qui venait d'arriver; alors on commença et on nous donna la parole que si nous consentions à sortir du fort, on nous transporterait à Obock, on nous porterait notre bagage intact, et si nous voulions continuer notre mission en Abyssinie, il s'engagea à nous aider d'arranger les caravanes.

D'Obock nous aurions le droit d'envoyer nos télégrammes de protestation alors, et la déclaration en Russie, nos protestations seraient reçues à Obock officiellement et on accepterait les blessés restés 30 heures sans médicaments.

Si nous ne consentions pas à ces conditions, ils renouvelleront le bombardement dans une demi-heure malgré les blessés. Me fiant à la parole du gouverneur français et de l'amiral chef qui, sous nos yeux, est allé chez le commandant d'Obock pour chercher le consentement à ces conditions, rentré à terre, j'ai décidé d'agir comme il convient à une mission religieuse paisible, c'est-à-dire donner le signal que j'accepte ces conditions et je me décidai de protester d'Obock en Russie contre les agissements inqualifiables des Français : le bombardement par l'escadre d'une mission religieuse russe sans défense puisque nous avions des fusils seulement en cas d'agression des sauvages. Après les Français ont fait la descente et après la demande de l'amiral tous les hommes étaient transportés sur le bâteau et le commandant de la descente, le capitaine du bâteau signalé nous a déclaré pour la seconde fois devant tout le monde qu'il n'y aurait pas un fil de notre bagage de perdu et qu'il sera conservé et porté intact. *Nous avons offert de laisser plusieurs hommes* pour veiller sur les bagages les plus précieux, mais il n'a pas consenti.

Par la volonté de Dieu, je suis resté toute la nuit à terre, avec le prêtre et le diacre et plusieurs novices, et nous étions les témoins de la destruction, du pillage et de la profanation de la sainte église orthodoxe.

Les caisses avec les bagages des médecins et des hommes qui les accompagnaient étaient cassés et pillés malgré nos protestations réitérées. Tout cela était fait après la promesse que notre bagage nous serait rendu intact. Le lendemain j'étais transporté dans le bateau *Primauguet* d'où j'ai vu la croix de notre église sauter. Après l'arrivée de notre mission à Obock, on nous a divisé en partie; on ne permettait pas de communiquer entre nous, on tâchait de troubler l'esprit des gens de la mission, de les terroriser, et ainsi nuire à notre œuvre.

Les Français n'ont pas envoyé ni les télégrammes ni les lettres adressés en Russie, quoiqu'ils aient envoyé un bateau exprès avec leurs dépêches. *Notre protestation n'a pas été acceptée à Obock* non plus. *On nous traitait comme des prisonniers et des criminels.*

De tout cela, je vous fais savoir, et je vous prie de nous croire et de nous protéger comme sujets russes.

Signé : L'ARCHIMANDRITE PAÏSI.

Les rapports de M. Olry et de M. De la Roche-Dumas racontaient l'incapacité, le manque d'initiative de l'archimandrite Païsi et affirmaient qu'après avoir subi l'ascendant d'Achinoff, il s'en était complètement séparé.

Cette protestation est-elle d'un homme sans volonté; cette énergique défense n'infliget-elle pas un formel démenti aux affirmations de MM. les rapporteurs.

Et quel singulier désaccord, celui de ces deux prétendus rivaux, qui trouvent les mêmes réponses, les mêmes indignations.

Cette conformité de langage n'est-elle pas suffisamment préremptoire ?

Reste le rapport de M. P. de la Roche-Dumas adressé au gouverneur d'Obock. Ce sont les conclusions de ses fonctions mêmes, fonctions de Procureur de la République délégué.

Que renferme et que prouve ce factum ?

Il résume les dépositions de divers déserteurs de la mission Achinoff contre Achinoff.

Il déduit de ces dépositions les chefs d'accusation suivants :

1° Violation du territoire français par une occupation qui « *devait y être faite définitive* » à Sagallo ;

2° Tromperie pratiquée par Achinoff à l'égard *des gens de mission en les attirant à Sagallo* ;

3° Exercice armé de la justice sur le territoire français, sentence de mort prononcée, et, *selon toutes présomptions*, *suivie d'exécution*.

4° Responsabilité encourue à l'endroit « des morts et blessures et des dégâts matériels qu'il (Achinoff) a occasionnés en trompant les Petits-Russiens sur le contenu de la sommation et *en ne faisant pas évacuer* le fort par les femmes et les enfants ;

5° Usurpation du commandement d'une mission dont l'Archimandrite Païsi était, en réalité, le chef suprême.

En vérité, voici un pauvre acte d'accusation. Nous y répondons pour Achinoff :

1° L'installation à Sagallo était si peu « définitive » que le Gouverneur d'Obock lui-même savait le départ d'une partie des Cosaques à la recherche de chameaux pour le transport de la caravane ;

2° Si les compagnons d'Achinoff ont été *trompés*, comme l'affirme M. de la Roche-Dumas, en quoi ce délit ou ce crime relevait-il de la justice française?

3° Un chef quelconque a le droit d'imposer, *où qu'il soit*, à ses subordonnés l'exécution du contrat qui les lie. Et, en l'espèce, comme on dit au Palais, c'était au chef, non aux subordonnés, que les magistrats devaient entendre.

Quant à la sentence de mort suivie d'exécution, « selon toutes présomptions », voici ce que valent ces « présomptions », « TOUTES », consignées par le même M. de la

Roche-Dumas, à la page 4 de son rapport.

Nous copions le manuscrit :

« Les Cosaques Micael Gouboff, Michaïlienco et Gleb Ingistoff sont désignés pour la poursuite. *Le premier, fatigué, rentre ;* les deux derniers seuls continuent, s'inquiétant près des indigènes, suivant les traces du fugitif.

« Ils ont déclaré *formellement* l'un et l'autre avoir reçu d'Achinoff l'ordre de mettre à mort Criwiski.

« Ils vont jusqu'à Tadjourah où, *d'après leurs déclarations*, ils se sont arrêtés, se contentant de promettre forte prime aux indigènes qui ramèneraient Criwiski mort ou vif. »

Eux-mêmes *seraient rentrés* à Sagallo après un jour et une nuit d'absence, *sans avoir pu remplir leur mission.*

« Qu'est devenu Criwiski ?

« L'ordre d'Achinoff *a-t-il été exécuté* par ses deux Cosaques ou par les Danakyls ? *Le fait est que cet homme est le seul qui ne soit pas arrivé à Obock et qui soit porté comme disparu* ».

Franchement, en d'autres circonstances, il y aurait lieu de rire d'une telle logique.

Ainsi, toute cette histoire de Criwiski condamné à mort et pourchassé par ordre d'Achinoff, M. le Procureur de la Roche-Dumas la tient de ceux-là même qu'Achinoff a chargés d'exécuter la sentence. Ils déclarent qu'ils sont rentrés à Sagallo *sans avoir pu remplir leur mission*. Et cela donne texte à M. le Procureur qui se demande ce « qu'est devenu Criwiski », pour conclure qu'on l'a exécuté !

Et ce sont là « toutes les présomptions » sur lesquelles il fonde son accusation !

Qu'est devenu Criwiski ?

Mais, M. le Procureur, « selon toute présomption », il s'est perdu dans ce pays qu'il ne connaissait pas, et d'où il ne pouvait s'échapper à la nage, même pour aller à Obock justifier son chef !

4° On a tiré le canon, après UNE sommation écrite *en français* à des gens dont *un seul*, une femme, connaissait cette langue. Et vous mettez au compte d'Achinoff les morts et les blessés faits par ce canon ? Mais c'étaient les boulets seuls qui parlaient russe en cette occasion, M. le Procureur !

Le cinquième argument tombe de lui-même, l'Archimandrite n'ayant jamais réclamé contre l'autorité *temporelle* de l'Ataman, qui laissait intacte son autorité *spirituelle*.

r
d
e
d
t
a
v
é
lo
de

XLIV

LES COMPENSATIONS

En octobre 1889, Mme Adam reçut les justes réclamations des victimes, sous la forme d'une demande d'indemnités pour les effets enlevés à la mission et qui constituaient la différence entre les soixante tonnes constatées par les rapports et les dix tonnes remises au croiseur russe *Zabiaka*. Mme Adam fit parvenir cette demande au ministre des Affaires étrangères, M. Spuller, en le priant de vouloir bien la communiquer à M. le Président de la République, à laquelle elle était adressée.

M. Spuller ne communiqua pas la demande à M. le Président de la République.

L'envoi du 18 octobre 1889 était accompagné d'une lettre de Sophia Ivanovna. Mme Achinoff envoyait à Mme Adam la réclamation du Père Païsi contenant le détail de ses revendications matérielles, car c'est ce moine respecté et qui n'a jamais eu à se plaindre, d'après l'amiral Olry, des procédés de la France, *c'est lui qui vient nettement poser la question des indemnités pécuniaires.*

Vous qui avez pris un si touchant intérêt à cette cause, écrit Mme Achinoff, vous ne refuserez pas de faire parvenir la missive du Révérend Père Païsi à M. le Président de la République française....

..... Mon mari attend impatiemment le moment où il pourra vous prouver, de fait, tous les sentiments de sincère admiration et de dévouement que vous lui avez toujours inspirés.

Il souffre encore de la contusion reçue à Sagallo, ce qui lui donne un peu de patience pour attendre ma convalescence et prendre une part active à ses affaires, car je ne suis pas encore remise...

Signé : Sophie ACHINOFF.

Et quatre jours après, le 22 octobre 1889, elle écrivait encore :

Madame,

Puis-je assez vous remercier de l'intérêt et du soin que vous avez pris de notre affaire; votre bon vouloir à nous venir en aide, dont je suis très convaincue, votre noble cœur, et votre esprit si juste qui vous font estimer les faits à leur réelle valeur, sont, croyez-le madame, sûrement apprécié par mon mari et moi.

Vos sympathies pour la Russie, bien connues chez nous, vous ont gagné bien des cœurs. Mais vous n'en trouverez pas de plus dévoués qus les nôtres.

Mon mari a toujours été partisan de l'alliance Franco-Russe, et il a quelques amis en France, ce qui fait qu'il ne se décidera qu'à la dernière extrémité *à prendre une part personnelle dans les accusations de l'affaire de Sagallo*, mais au cas où en France l'on ne prendrait pas en considération la requête de l'Archimandrite Paisios, il y sera obligé. Et il est sûr d'une chose, que même sans gagner le procès, il gagnera sans aucun doute, dans l'opinion de l'Europe entière, et de la France même, rien qu'en exposant les faits comme ils sont.

Il n'aura alors pas de raison de ménager nos diplomates qui jusqu'à présent ne font que travailler contre nous pour éviter le blâme qu'ils méritent eux-mêmes par leur indigne procédé et en même temps il devra sans ménagement exposer, pour le moins l'étrange et inqualifiable, j'ose dire le criminel procédé de l'Amiral Olry et du gouverneur Lagarde, qui certes ne peuvent être justifiés quand même nos diplomates se seraient entièrement récusés de la mission Religieuse Russe envoyée par le Métropolitain, et fait plus décisif encore de l'aveu et de la connaissance positive des autorités constituées.

La modération dont nous avons fait preuve en n'opposant aucune défiance à l'agression de l'amiral et la demande que l'Archimandrite Paisios et mon mari ont fait à l'Amiral d'être jugés sur place est une preuve irrécusable de leur parfaite bonne foi et de la confiance que nous avions et que nous avons encore dans la justice de notre cause.

On conseille à mon mari d'agir énergiquement dans cette affaire et de l'exposer en détail au jugement de l'Europe.

Je m'adresse à vous Madame, espérant que vous ne refuserez pas de nous faire savoir le résultat de la requête du R. P. Paisios et ce à quoi nous devons nous attendre de la part du gouvernement Français. Je vous prie de m'excuser si je vous fatigue en redisant, ce que vous connaissez déjà, et de vous occuper encore de nos affaires.

Recevez, Madame, l'assurance de ma parfaite considération et de celle que mon mari vous porte.

Signé : Sophie ACHINOFF.

Le temps n'apportait pas le calme, pas plus que l'oubli. Il semblait au contraire que la douleur et le ressentiment devinssent de jour en jour plus vifs.

Madame,

Il est bien difficile pour nous de suivre votre conseil, de nous arranger avec nos diplomates, qui non seulement appartiennent au parti allemand, mais encore sont pour la plupart allemands de race;

. . . .

. . . .

. . . .

En ce qui touche notre affaire, ils sont dirigés par une crainte toute personnelle sachant ce qu'ils ont fait, et comme l'on dit chez nous en Russie, craignant pour leur peau. Ils ne peuvent rien, et Sa Majesté décide de tout.

Je vous mande, madame,de source, que Sa Majesté notre Empereur ne connaît pas à fond notre affaire, jusqu'à présent, il est certain qu'il n'aurait jamais abandonné ses fidèles sujets! Nous avons toujours espoir qu'il en sera avisé, et nous travaillons à cela.

Le sentiment d'indignation populaire est loin d'être diminué; notre église insultée, nos enfants et nos femmes tués,sont choses à ne pas être facilement oubliés.

Le gouvernement français doit certainement être responsable de ses actes; nous avons présentement simplement recours aux sentiments de justice du gouvernement français en supposant qu'il avait droit de bombarder, piller, tuer des sujets russes il est à savoir si tous les détails révoltants de cette affaire trouveront un soutien parmi les gens d'équité en France, si nous serons obligés de défendre notre cause publiquement, elle sera toujours gagnée dans l'opinion de tous les honnêtes gens de l'Europe entière.

Je ne sais si les Français remercieront leur gouvernement pour avoir permis des actes aussi indignes envers un peuple ami aux sympathies duquel ils tiennent, et, certes, rien ne peut empêcher ce gouvernement de faire droit à nos justes réclamations.

Si je m'adresse à vous, Madame, c'est que je connais votre patriotisme éclairé, votre amour pour la France, votre ardent désir de servir votre patrie et votre conviction que nos deux pays se doivent appui et aide mutuel pour leur lien commun. Nous vous sommes bien reconnaissants pour tout ce que vous avez fait en faveur de notre cause, et nous attendons impatiemment le résultat définitif de vos démarches, J'espère, Madame que vous ne refuserez pas de nous le faire savoir.

Excusez la longueur de cette missive; je sens que j'abuse de votre aimable bonté.

Recevez, Madame l'assurance de ma parfaite considération et de celle que mon mari vous porte.

Après ce qu'il pourra arriver je vous assure que cela ne peut diminuer notre reconnaissance pour tout ce que vous voulez faire pour nous.

Signé : S. ACHINOFF.

Mme Adam transmit ces réclamations ; de mon côté, je recevais la lettre suivante de l'Ataman Achinoff datée du 13/25 septembre 1889.

Monsieur le Comte,

Si je n'ai pas répondu plutôt à votre aimable lettre datée du 21 mars-2 avril 1889 c'est qu'elle a mis bien du temps à parvenir, et puis je n'avais personne à qui je pouvais confier ma corespondance étrangère ; en ce moment, je profite des facilités que m'offre pour cette correspondance la présence d'amis qui veulent bien me prêter leur plume.

Que dire de l'inqualifiable agression ; je dirai volontiers l'attentat international, de votre Ministère? A quelle influence a-t-il cédé en ordonnant à votre amiral de couvrir d'obus notre pauvre petit établissement et détruisant une mission qui comptait plus de moines que de Cosaques.

Nous n'avons pas répondu aux balles de vos soldats, je ne voulais pas verser le sang français bien qu'au moment de la descente j'en avais tous les moyens ; croyez que j'avais bien de la peine à retenir mes gens, qui ne demandaient qu'à se venger d'une conduite aussi *traiteuse*, et dont personne de nous ne pouvait se rendre ni compte ni raison ; en plus ces coups qui tuaient nos enfants et nos femmes avaient exaspéré mes Cosaques, et quoique l'on fasse pour en étouffer le retentissement, tout cœur vraiment russe en garde involontairement un sentiment de méfiance, pour toutes ces protestations d'amitiés, qui, un moment donné, aboutissent à un massacre d'enfants et de femmes Russes, à un mépris ouvert de tout ce que chaque Russe a de plus sacré, son Église.

Quant à moi, je n'y vois qu'une fatale méprise, je ne puis me résoudre à abandonner mes sympathies pour un pays que je regarde toujours comme l'unique allié naturel de mon pays, et ne puis rendre tout un peuple responsable des actes d'un gouvernement ou plutôt d'un ministère sans consistance et sans souci de l'honneur national.

La vérité en France sur cette question, il se peut bien, n'est point connue en Russie; on a tâché autant que possible d'étouffer l'affaire pour ne pas provoquer trop fortement l'indignation populaire qui pouvait aller trop loin. Mais je n'ai jamais varié dans mes sympathies pour la France, à Port-Saïd j'ai visité le consul Français à Djeddah de même, je ne cachais pas le but de notre mission; nous en parlâmes en amis, et n'eûmes entre nous que les meilleurs rapports.

Je vous remercie de l'offre obligeante que vous me faites de me tenir au courant de nos affaires et je veux en profiter en vous demandant si vous pouvez m'obtenir des renseignements; comment d'après les lois françaises je dois m'y prendre, et à qui m'adresser dans un procès en recouvrement de dommages-intérêts. Ne serait-ce pas mieux d'agir à l'amiable et de présenter une requête au Président, avant de recourir à une cour de justice? Notre mission ayant été complètement pillée, argent, effets de prix, marchandises, habits sacerdotaux, objets appartenant à l'Église, images précieuses, etc., ont été détruits ou totalement abimés par l'eau de mer; le tout monte à peu près à 300 mille roubles, y compris les dedommagements aux familles des enfants et des femmes tués et des blessés par vos chrapxels.

Vous sentez, cher Comte, que je ne puis abandonner ce procès puisque les intérêts de l'Église et des gens de la mission, ainsi que de tous mes compagnons en général, y sont plus ou moins mêlés. — J'ai moi-même perdu dans la bagarre des valeurs pour une assez forte somme. Je suis en ce moment à la campagne, où je me traite d'une forte contusion que j'ai reçue à Sagallo, qui m'a fait souffrir jusqu'à présent.

Je partage tout à fait votre avis, et ne vois dans tous ce qui m'arrive qu'un jeu de la fortune, une épreuve momentanée et non pas la ruine de mes projets. Aussi bien ne suis-je pas homme à céder à un échec, c'est pourquoi j'espère que j'aurai encore l'occasion de profiter de votre bon vouloir à nous aider; permettez-moi donc de vous serrer la main, cher Comte, et de vous redire une fois encore un grand et sincère merci pour vos bonnes parole. C'est dans les épreuves qu'on reconnaît les vrais amis et les cœurs généreux et honnêtes comme le vôtre.

Je me dis donc bien sincèrement votre ami,

N.-J. Achinoff.

Au reçu de cette lettre, je me mis immédiatement en campagne et je répondis à Achinoff que j'allais m'occuper de son affaire, mais que je le suppliais de rester tranquille; voici sa réponse datée du 10/22 octobre 1889.

Cher Comte et Ami,

J'attends avec impatience le résultat de vos démarches; jusqu'à présent je ne me suis pas mêlé personnellement de cette affaire et ce n'est que quand je verrai que le gouvernement français nous refuse toute justice que je m'en mêlerai; je puis vous assurer que si le bruit n'arrangeait pas nos affaires comme indemnisation, il n'arrangerait pas non plus celles du gouvernement.

Je veux bien patienter, puisque vous me le demandez, mais je vous assure que je suis bien à bout de ma patience; en vérité, je ne demande qu'à entendre raison si l'on veut arranger la chose à l'amiable.

Je vous prie donc, cher comte, de me donner une solution dans un sens quelconque; je veux savoir la vérité telle qu'elle sans ménagement, c'est là le grand service d'ami que vous pouvez me rendre, et je compte là-dessus. J'attends impatiemment votre réponse.

Votre tout dévoué,

Signé : Ataman N.-J. ACHINOFF.

Que pouvions-nous demander de plus à cet homme loyal que l'on avait tant trompé? Il promettait d'attendre et de suivre nos conseils de prudence, aussi lui devions-nous en échange la plus réelle activité dans nos démarches.

Quelles furent mes démarches personnelles? Quel en fut le résultat?

Il s'agissait de prévenir tout scandale et de reprendre la situation du début, sous une forme acceptable pour le gouvernement, de façon que le Ministre n'eût l'air de céder aux injonctions de personne : la difficulté s'augmentait de la non intervention de l'ambassade russe en faveur des personnes lésées ; Achinoff avait échoué, il devait être désavoué non seulement par la diplomatie de son pays, mais même par *ses puissants amis*.

J'allai prendre conseil de M. Garrigat, le regretté sénateur de la Dordogne : c'était un esprit fin et pondéré, son avis était très précieux. Il connaissait les débuts de cette affaire et avait déploré la tournure des événements ; après avoir pris connaissance de la correspondance d'Achinoff, il m'engagea à aller trouver M. Spuller, tout en craignant que ses sympathies personnelles ne le disposassent pas du tout en faveur de la Russie.

J'eus l'honneur de consulter le même jour M. Flourens à la fois à cause de sa haute compétence pour toutes matières du ressort des Affaires étrangères, et aussi à cause de la grande autorité qu'il s'est créée en Russie particulièrement par sa façon d'envisager la politique extérieure et de la traiter.

M. Flourens me conseilla un arrangement amiable, m'indiqua les points sur lesquels je devais insister auprès de M. Spuller, et quelle solution acceptable je devais proposer.

C'était faire table rase et reprendre la question sous une forme nouvelle et sans aucune susceptibilité à craindre, sans aucun froissement pour la dignité du gouvernement français.

MM. Flourens et Garrigat devaient parler au ministre des Affaires étrangères de mon désir d'obtenir une audience de lui pour affaires importantes.

Mais je croyais en outre nécessaire d'être soutenu par un collègue du ministre; un ami commun me présente à M. Constans, dont l'influence était prépondérante au Conseil des ministres; c'était la seconde fois qu'un ministre de l'Intérieur se trouvait mêlé à la question Achinoff; mais cette fois, je ne devais pas avoir à me repentir. A moins *d'impossibilités absolues*, M. Constans tient ses promesses.

Après avoir écouté et avoir examiné mes lettres et documents, il me promit de m'appuyer auprès de M. Spuller, et ce qui fut dit fut fait.

Sa conclusion en me quittant avait été :

Combien il serait désirable d'en terminer avec cette malheureuse affaire !

M. Constans ne donnait que son opinion de simple citoyen : il m'avait déclaré de prime abord qu'il ne voulait en rien sortir de ses attributions.

Il me recommanda et ne pouvait faire plus : mais les choses ne marchèrent pas facilement aux Affaires étrangères ; comme je m'inquiétai de ces attermoiements, je pus savoir par un journaliste de mes amis M. A... qu'*au quai d'Orsay, on ne voulait rien connaître de l'affaire Achinoff*.

Je résolus de brusquer les événements et je m'approchai de M. Spuller dans la salle de la Paix, et après m'être nommé, je lui demandai un entretien urgent.

Le lendemain j'étais reçu par le ministre des Affaires étrangères ; après avoir entendu mes explications, il me dit que certes la nouvelle solution que je proposais était intéressante, qu'il l'étudierait, que peut-être concilierait-elle la dignité du gouvernement et la justice ; mais il ajoutait *que l'on était vrai-*

ment injuste en France à l'égard de l'Italie.

Cependant, à ce même moment l'ambassadeur de Russie communiquait à M. Spuller les réserves faites par la Russie au sujet du protectorat de l'Éthiopie considéré par le Tsar comme une usurpation contraire aux intérêts d'une nation amie (la France).

Ce fut une scène de comédie : le lendemain de l'envoi de ce document, l'ambassadeur de Russie se croise dans l'antichambre du ministre avec M. de Menabrea, ambassadeur d'Italie.

Aux premiers mots de M. de Morenheim, M. Spuller tombe de son haut :

— Mais qu'est-ce donc que cette affaire d'Éthiopie dont tout le monde me parle?

— Vous en trouverez l'explication dans le document que je vous ai fait communiquer hier, répond M. de Morenheim.

La discussion s'échauffe ; M. Spuller n'avait

pas même lu le document du gouvernement russe et avait tout simplement donné acte de la communication de l'Italie.

Ce jour là M. Spuller a-t-il fait preuve d'incapacité? Ou bien s'est-il rendu coupable de félonie?

Ces décisions italiennes d'un ministre français n'étaient pas faites pour avancer les affaires d'Achinoff; j'attendis vainement une réponse; une quinzaine de jours après mon audience, je retrouvai M. Spuller dans la même salle de la Paix où je l'avais abordé la première fois.

Je m'avançai vers lui et lui demandais respectueusement s'il avait pris une décision quelconque que je pusse faire parvenir à mes amis de Russie qui s'impatientaient; alors, brutalement, de façon à se faire entendre d'un groupe de journalistes arrêtés à quelques pas :

— Monsieur, vous me réclamez huit cent mille francs pour Achinoff; je ne les ai pas dans ma poche; il faut un vote de la Chambre.

Monsieur Spuller avait une singulière absence de mémoire; si les lettres que je lui ai communiquées constataient un dommage causé d'environ 800,000 francs, je ne lui ai jamais demandé une somme quelconque pour Achinoff, et tous ceux qui ont été mêlés à cette histoire savent très bien que la combinaison proposée était toute autre.

XLV

LE RAPATRIEMENT

Le capitaine a fait mettre Achinoff dans une cabine séparée et le fait garder par un planton ; l'ataman avait désiré lui faire constater la destruction des bagages ; mais il n'y a pas consenti, pas plus que le gouverneur d'Obock.

A Obock, on a laissé la plus grande partie des saintes icones, l'église portative et, de plus, cinq personnes grièvement blessées sont demeurées à l'hôpital, tandis que celles qui n'avaient que de légères blessures ont été embarquées.

Les premiers entretiens de l'ataman avec l'Archimandrite Païsi et le moine Antonin furent des plus intéressants ; bien des points restés obscurs se trouvèrent élucidés entre eux. Apprenant qu'aucune pièce officielle n'avait été signée pour les dommages causés, Achinoff eut une altercation vive avec l'agent français qui avait fait fonction de procureur auprès du Gouverneur d'Obock.

Tous les Cosaques se plaignaient de la destruction de leurs effets : mais, protestation à l'amiral Olry, lettre au Gouverneur ; tout restait sans réponse : le Gouverneur ne voulut ni accepter, ni transmettre aucune réclamation.

C'était, disait-on, l'affaire des consuls et du gouvernement français, de régler les dommages-intérêts. Quant aux exécuteurs, ils ne se croyaient pas responsables des bagages; c'était la guerre et pendant la guerre on ne répond de rien.

Mais le voyage de rapatriement commence. On a quitté Obock pour Port-Saïd, sans toucher à Aden. Or, à Aden se trouvait alors, et même avant le bombardement de Sagallo, la canonnière russe *Manjour*, capitaine Tchoukhnine, qui, d'après les instructions de feu le ministre de la marine Chestakoff, allait précisément à Sagallo pour visiter et, en cas de besoin, aider la mission. Le capitaine Tchoukhnine fut averti secrètement par des Grecs habitant Aden, de ce qui se passait et de la présence hostile à Sagallo d'une division de bâtiments français. Néanmoins, et contrairement aux ordres reçus, Tchoukhnine ne leva pas l'ancre. L'arrivée à Aden du *Primauguet* lui confirma la vérité et c'est avec l'aide du déserteur Gordessevitch que, par une coïncidence trop étrange pour n'être pas suspecte, lui apportait le croiseur du commandant Véron, qu'il parvint, sans avoir rien vu, à établir son rapport mensonger. Ce rapport dû à l'imagination d'un témoin par ouï-dire et à la collaboration d'un traître n'en a pas moins servi de base aux correspondances erronées et injustes du *Nouveau Temps*, que ce journal refuta lui-même plus tard et très honnêtement déclara controuvées, quand au retour de la mission en Russie, ses rédacteurs purent s'aboucher avec Païsi et recueillir les témoignages des réfugiés de Sagallo.

Tchoukhnine passa philosophiquement condamnation sur les faits accomplis et fit route pour les eaux Indiennes. Achinoff, lorsqu'il fut rentré en Russie, dénonça la conduite du capitaine du *Manjour* et demanda qu'on le traduisît en justice. On se contenta de le destituer.

Sur le *Primauguet* qui lui faisait remonter la mer Rouge, Achinoff était traité comme un prisonnier. On lui interdisait de communiquer avec ses hommes. Un officier déclara au docteur Dobrowlski que si l'ataman tentait de s'évader, on l'en empêcherait par la force. Il ne chercha d'ailleurs à entrer en communication avec personne pour quoi que ce soit.

A Suez, un employé du consulat de Russie, Ivanoff, d'origine grecque, qui s'exprimait fort mal en russe, vint à bord et s'adressant à Achinoff : « Ces abominables français, dit-il, comme ils vous ont traités ; mais l'Empereur est très indigné et vous vengera ! » Ce qui n'empêchait pas le même Ivanoff d'écrire une quantité de mensonges contre la Mission.

Lorsque le croiseur russe *Zabiaka* arriva du Pirée à Suez pour rapatrier les membres de la Mission, en présence du capitaine Davidoff et de l'employé Ivanoff et avant de quitter le *Primauguet*, Achinoff demanda que les colis fussent ouverts, voulant donner acte de la remise des valeurs et de l'argent. Mais les autorités du *Primauguet* se récrièrent et, pour apaiser Achinoff, on lui promit de faire un inventaire en règle à bord du *Zabiaka*. Il fut dressé en effet et tout le monde sur le bâtiment russe put constater que les caisses ne contenaient plus rien qui eût une valeur réelle.

Quand on arriva à Port-Saïd, la rade était encombrée de bateaux de guerre anglais, allemands et italiens, une vingtaine au moins. Le hasard ou leur bonne inspiration les y avait réunis pour se réjouir en commun de la déconfiture pressentie (ou attendue !) de la mission russe. La plupart des Russes prirent passage sur des bâtiments de commerce ;

Achinoff, Païsi et une quarantaine de Cosaques continuèrent jusqu'aux Dardanelles leur voyage sur le *Zabiaka*. Là, un petit vapeur russe *Psézonapé*, vieille épave de 50 ans et qui fut rayée de la marine à l'arrivée à Sébastopol, prit les passagers du croiseur. Il lui fallut 60 heures pour franchir la distance de Constantinople à ce dernier port, alors qu'avec un bateau de moyenne vitesse, la traversée ne dure que 36 heures. Avec cela un temps affreux mettant en perdition continuelle le misérable transport qui eut très probablement sombré sans l'énergie et le dévouement des Cosaques d'Achinoff. Enfin Sébastopol parut à l'horizon, et toute la Mission remercia Dieu de l'avoir sauvée de tant d'épreuves. Païsi disait : « Nous souffrons, mes enfants, mais Dieu ne nous a pas abandonnés ! » Puis quand on entra dans la rade, l'amiral Koumanié, gouverneur de Sébastopol, accompagné de fonctionnaires de la police, se présenta sur le *Psézonapé*, fit saisir les papiers et effets de la Mission et ordonna une instruction sévère. Les Russes rapatriés par les navires de commerce avaient été débarqués à Odessa et provisoirement arrêtés.

XLVI

LE TERME DE L'ODYSSÉE

C'est à l'hôpital de Sébastopol qu'Achinoff est transféré, aussitôt après le débarquement; avant son arrivée M. de Giers a présenté un rapport fait sous un faux jour sur ce qui s'est passé en mer Rouge.

Achinoff est accusé de vouloir créer des difficultés entre la France et la Russie; le ministre des Affaires étrangères conclut pour l'exil en Sibérie pendant cinq ans et pour l'internement de tous ses compagnons pendant trois ans, tout cela SANS JUGEMENT; un procès devant dévoiler beaucoup trop de choses.

L'Empereur ayant trouvé la punition trop dure, même à la lecture du rapport de M. de Giers, ordonna au comte Dimitri Alexandreitch Tolstoï, ministre de l'Intérieur, de faire un nouveau rapport; le rapport était déjà préparé; quelques jours après il devait être remis à l'Empereur, quand la maladie, puis la mort rapide du comte Tolstoï arrêtèrent cette œuvre de justice.

Le rapport fut mis de côté; mais cependant sur la recommandation du comte Ignatief et en souvenir de la protection du feu comte Tolstoï pour Achinoff, l'Empereur déclara qu'il suffirait d'interner Achinoff trois ans dans un gouvernement de l'intérieur.

Les médecins de l'hôpital maritime de Sébastopol, sous prétexte qu'ils le trouvaient trop malade, voulaient l'envoyer à Piætigorsk dans le Caucase pour prendre les eaux.

Sophie Ivanovna, l'énergique épouse d'Achinoff partit pour Saint-Pétersbourg pour tenter d'empêcher l'exécution de cette sentence.

Mais le nouveau ministre, M. Dournovo, quoique très juste, est un timoré. Il fut fort gêné et il ordonna le transport d'Achinoff à Palachoff, petite ville du gouvernement de Saratoff où on interne les suspects. Cette mesure, n'avait pas été soumise au Tsar et cela malgré une lettre de l'ataman Achinoff à l'Empereur réclamant que ses actes soient jugés ; en outre l'ataman désirait beaucoup rentrer dans ses propriétés au lieu d'aller prendre les eaux au Caucase.

Déjà l'ordre avait été envoyé : l'amiral Koumani s'était jusqu'alors montré excessivement aimable : il donnait Achinoff en modèle à ses subordonnés, le comparant aux *héros de Crimée.*

Tout le trajet de Sébastopol jusqu'à la ville où il devait être interné fut marquée pour Achinoff par une série d'ovations et de banquets en son honneur.

Achinoff arriva à Saratoff en juin 1889. Mais dès le mois d'octobre un ordre personnel de l'Empereur lui rendit sa liberté et il rejoignit sa femme Sophie Ivanovna à Lerniesk, dans le gouvernement de Tchernikov.

Il adressa une nouvelle lettre à l'empereur.

« Jugez-moi, lui disait-il ; si je suis coupable vous me donnerez une punition méritée ; sinon, je vous supplie d'ordonner la publication dans les journaux officiels de tous les documents relatifs à cette affaire ; ce sera le seul moyen d'instruire l'opinion publique égarée par le communiqué officiel de M. Giers. De la sorte les intérêts des victimes seront sauvegardés et la demande de réparations adressée au gouvernement français pourra recevoir une solution. »

Les conséquences de cette lettre furent rapides :

En avril 1890, Achinoff vit arriver chez lui le Stanovoï pristaw, magistrat dont l'empereur Nicolas a dit qu'il est le premier après le Tsar dans son district ; il souriait avec complaisance :

— Nicolas Ivanovitch, lui dit-il, au nom de l'Empereur, vous êtes libre de la surveillance de la police.

Ainsi nous avons montré cet homme injustement persécuté pour sa cause ; conscient de sa parfaite innocence il a supporté les sévérités de l'Empereur. Il a bu la coupe amère jusqu'à la lie, attendant la justice.

On a voulu le faire fuir, il a refusé ; maintenant la colère du Tsar est tombée ; maintenant il est libre et a recommencé à préparer un troisième voyage en Abyssinie, une seconde expédition; si nous l'avons vu à Paris, c'est que le grand Kroug a décidé qu'il viendrait savoir les intentions du gouvernement français à son égard.

Pendant ces événements, l'exécuteur du bombardement, le malheureux amiral Olry achevait tristement sa vie au milieu des remords et des regrets.

L'attitude prise envers lui par la Reine Olga à son retour au Pirée, l'ostracisme dont il avait été l'objet, quand tous les officiers français étaient invités aux fêtes de la cour de Grèce, l'avaient navré. On sait qu'il fut le seul exclu des réceptions : tout cela l'avait atteint au cœur.

Son âme de marin que l'on avait forcé à la tromperie souffrait. On avait ordonné à l'amiral une iniquité; il avait obéi; bien plus, il avait, dans son rapport, par discipline, cherché à excuser les ordres de ses chefs.

Mais l'effort l'avait brisé; son commandement se termina à Smyrne, et il mourut.

XLVII

L'ARCHIMANDRITE PAÏSI ET L'OPINION RUSSE

Mme Adam, pour aller au plus pressé, avait organisé une souscription hâtive en faveur des victimes de Sagallo, et, approuvée par le métropolite Isidore, elle se préparait à envoyer le montant de la somme si rapidement recueillie au père Païsi qui s'était rendu à Pétersbourg au couvent d'Alexandre Newski, aussitôt qu'il avait pu quitter Sébastopol.

Une dépêche du 2 avril 1889 vint la surprendre et lui causer une vive douleur; elle était ainsi conçue :

De Pétersbourg Paris. — Rédaction
Nouvelle Revue. Juliette Adam.

Archimandrite Païsi refuse d'accepter 4 500 francs, prix du sang versé à Sagallo.

Mme Adam, navrée, écrivit à la comtesse L... pour avoir des explications.

Elle reçut le 14 avril la dépêche suivante :

De Pétersbourg-Paris, 190, boulevard
Malesherbes. — Madame Adam.

Madame Adam,

Dépêche K. calomnies : Offrande acceptée par Archimandrite avec reconnaissance. Preuves vous seront envoyées.

COMTESSE L.

Dans l'intervalle, la comtesse L... avait écrit à Mme Adam à la date du 8 avril une lettre dont je détache les passages suivants assez caractéristiques :

X., (c'est un gallophile trop éprouvé pour que je le

compromette ici vis-à-vis de M. de Giers), X, — au point de vue politique, se désintéresse complètement de ce que nous poursuivons en Afrique.

L'influence religieuse a seule protégé Achinoff — fourni l'argent — bien entendu avec le concours de certaines personnes qui tiennent maintenant à rester dans l'ombre...

Votre collecte ayant pour but de venir au secours des victimes de la violence précipitée de vos marins à Obock, qui selon les compte rendus d'Olry n'a donné qu'une demi-heure pour descendre le drapeau, ce qui a frappé Nélidoff et tous ceux qui les ont lus ce matin.

Je suppose que vous désirez faire parvenir à l'Archimandrite le don de vos amis; c'est pourquoi je me suis adressé au *métropolite Isidore* qui est le *promoteur de tout ce qui devait se faire en Abyssinie.*

L'archimandrite prétend qu'il a été absolument dépouillé et en veut beaucoup à la garnison française.

..... Ne pourrait-on pas négocier *l'acquisition de ce coin de terre où a coulé le sang russe;* voilà ce qui certainement apaiserait l'aigreur et les ressentiments de la nation.

Croyez à mes meilleurs sentiments et affectueux souvenirs.

COMTESSE L.

Cette lettre établit une fois de plus et péremptoirement que la mission avait bien été inspirée et qu'elle était patronnée par un des chefs de la religion nationale.

Pour en revenir à l'Archimandrite Païsi, nous publierons *in extenso* une lettre adressée à la Comtesse L. par le métropolite Isidore au sujet de la calomnieuse dépêche.

Chère Comtesse L... E. F...

Les gens qui ne savent pas faire le bien ont souvent la jalousie d'empêcher les autres de le faire. L'archiprêtre Païsi ne connaissait pas du tout M. K... (l'auteur de la dépêche) et n'avait jamais eu l'occasion de lui parler, jusqu'ici.

D'où ce Monsieur a-t-il imaginé que le Père Païsi a refusé les offrandes recueillies par Mme Adam et quel motif a pu le pousser à télégraphier une pareille invention?

Il y a une semaine que le Père Païsi a rencontré M. K. pour la première fois à une soutenance de thèse à l'Académie à théologie. M. K. a grossièrement interpellé le Père Païsi :

« Qu'as-tu fait là-bas? Pourquoi es-tu revenu ici?

Le Père lui répondit :

« Je n'ai rien fait de mal ; et on m'a ramené ici?

— Tu es un ignorant.

— Et vous un savant, sans doute, combien de langues savez-vous?

— Moi? Je suis instruit; je connais trois langues.

— Eh bien! Si vous étiez allé en Abyssinie, vous vous y seriez trouvé aussi ignorant que moi. A qui ai-je l'honneur de parler?

— Je suis T. I. K.

Alors M. K. a quitté Païsi : et c'est pour se venger de cette conversation qu'il a imaginé de frustrer l'archimandrite des offrandes de Mme Adam.

Jamais le père Païsi n'a refusé les secours recueillis par Mme Adam. Il en a besoin, ayant fait des dettes en route, parce qu'il a perdu ses effets et ceux de ses compagnons, à lui confiés, AU PILLAGE DE SAGALLO.

Si les généreux Français veulent venir en aide à Païsi, qu'ils envoient la somme à votre nom, Comtesse.

Vous me la transmettrez; je la rendrai au *Père Paisi qui vit auprès de moi au couvent* d'Alexandre Nevsky.

Demain, le Père Païsi se présentera chez vous,

comtesse; vous jugerez vous-même que cet homme vaut plus et mieux que ceux qui l'outragent.

Votre dévoué,

ISIDOR.

Métropolite de Novgorod.

Qui ne sentira la gravité et l'importance de ce document signé par l'un des trois chefs de cette église nationale qui, tout le monde le sait, a une influence prépondérante sur les destinées de l'Empire russe.

Ainsi ce prêtre, malmené par le jeune Gouverneur d'Obock, traité avec mépris par l'amiral Olry, trouve, malgré les insultes et les calomnies, l'accueil le plus flatteur chez le plus puissant, le plus sévère, le plus respecté mais aussi le plus juste de ses supérieurs. Qui donc osait traiter d'aventurier l'hôte et l'ami de Mgr Isidore!

On a bien essayé d'insinuer qu'il n'existait aucune solidarité entre ce prêtre et Achinoff *dont il était le jouet;* or, voici en quels termes Païsi à son retour aborde le métropolite Isidore :

— On a tué nos enfants ; on a détruit notre église ; on a brisé la croix ; prenez ma mitre, je ne suis plus Archimandrite.

— Mon frère, répond le vénérable métropolite, tu resteras ; tout cela est la faute de Nicolas Ivanovitch Achinoff.

— Non, Nicolas Ivanovitch a bien agi ; je m'en vais !

— Vois les larmes qui inondent les joues de ton vieux père. Reste !

— Et Nicolas Ivanovitch ?

— J'ai confiance ; reste !

— J'obéirai !

— Donne ta parole d'honneur que tu resteras encore à la tête de la mission de N.-I. Achinoff !

— Je le jure ! Dieu n'est pas pour la force, il est pour la justice ! avec 100,000 cosaques, je ne recommencerais pas, avec Achinoff, même seul, je suis prêt à repartir.

A quelque temps de là le père Païsi était nommé Archimandrite d'un des plus riches couvents de Russie, le couvent de Sarovskaia Poustine, gouvernements de Tambow et de Nijni-Novgorod, qui abrite plus de 1000 moines!

N'est-ce pas une éclatante justification!

CONCLUSIONS

De tout ce que j'ai raconté en narrateur consciencieux, il résulte que l'événement de Sagallo a été pis qu'un crime de la part de ceux qui l'ont ordonné ; il a été une faute !

On m'a reproché d'avoir voulu faire revivre d'odieux souvenirs oubliés.

Je réponds :

Ce que nous avons voulu est plus haut et plus grand. Mme Adam qui m'a ouvert les colonnes de sa *Revue* en présentant à l'opinion publique l' « aventurier Achinoff » (c'est le terme dont s'est servi M. Spuller), n'a pas entendu plus que moi poser en saint de vitrail gothique un Stanley à la charge duquel on ne peut relever aucune abomination, mais qui certes a des énergies inutiles à de simples touristes.

Nous avons montré un homme hardi, et depuis longtemps ami de la France, s'embarquant comme jadis les Cortez et les Pizarre, pour donner à des influences qui ne seraient ni celle de l'Angleterre, de l'Italie ou de l'Allemagne, un peuple d'Afrique demeuré chrétien au milieu de l'islamisme.

C'eût été le triomphe des idées dont la France est le champion, c'eût été le succès de notre civilisation chez un peuple de cette Afrique dont Mgr Lavigerie a si éloquemment dépeint les abominables misères !

Si la France eut accordé libre passage à Achinoff, il eût attiré vers l'Abyssinie toute une armée blanche luttant contre les barbaries de l'esclavage !

De mauvais génies ont empêché ce résultat! Que leur félonie ait été raisonnée ou inconsciente, peu importe! Ils sont coupables!

Achinoff, dont nous avons entrepris la réhabilitation, quittera peut-être notre sol sans que le noble peuple de France la lui accorde, trompé qu'il est par les récits mensongers dictés par ses persécuteurs et ses ennemis!

Il demeurera acquis à l'histoire qu'en même temps on aura vu d'un côté un Cosaque russe bombardé pour avoir voulu introduire la civilisation dans les « ténèbres de l'Afrique », et de l'autre, l'anglais Stanley, à la tête d'une armée, parcourir pendant trois ans cette même Afrique, brûlant et massacrant.

Qu'on jette maintenant les yeux sur la carte du continent africain!

Les Anglais au nord-est, aux environs des grands lacs, en Égypte !

Les Anglais au sud-est et à Zanzibar !

Les Anglais au sud, depuis le Mozambique, arraché aux Portugais, jusqu'à Natal, enlevé aux Boërs, jusqu'au Cap et au fleuve Orange !

Regardez et vous comprendrez pourquoi l'on a fermé à Achinoff le chemin de l'Abyssinie !

Aujourd'hui M. Ribot a les mains liées par les fautes de ses prédécesseurs ; mais nous espérons qu'Achinoff, qui retourne en Abyssinie, emportera de France la sympathie d'un grand nombre de patriotes et l'appui moral du gouvernement français.

FIN

TABLE DES MATIÈRES

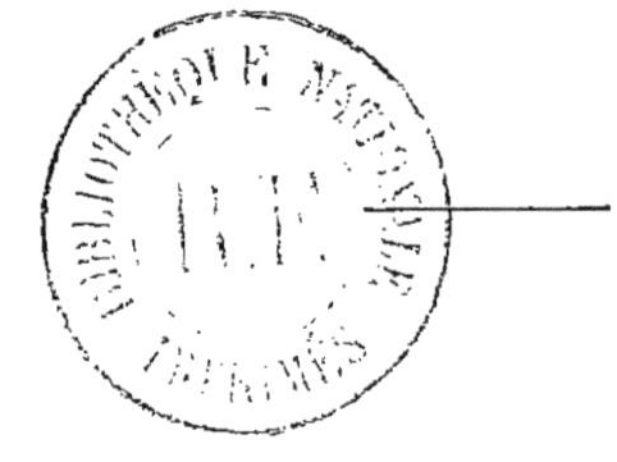

Paris. — Typ. Georges Chamerot, 19, rue des Saints-Pères. — 27[illegible]

PARIS

TYPOGRAPHIE GEORGES CHAM[illegible]

19, rue des Saints-Pères, 19

www.ingramcontent.com/pod-product-compliance
Ingram Content Group UK Ltd.
Pitfield, Milton Keynes, MK11 3LW, UK
UKHW022006170726
13837UKWH00001B/13